Juliana De' Carli

HO'OPONOPONO UNIVERSAL

Juliana De' Carli

HO'OPONOPONO UNIVERSAL

Método de autocuración hawaiano

Una luz en la vida…

edaf

www.edaf.net

MADRID - MÉXICO - BUENOS AIRES - SANTIAGO

2019

Editorial EDAF, S. L. U.
Jorge Juan, 68.
28009 Madrid, España
Teléf.: (34) 91 435 82 60
www.edaf.net
edaf@edaf.net

Ediciones Algaba, S. A. de C.V.
Calle 21, Poniente 3223 - Entre la 33 Sur y la 35 Sur
Colonia Belisario Domínguez
Puebla 72180 México
Teléf.: 52 22 22 11 13 87
jaime.breton@edaf.com.mx

Edaf del Plata, S. A.
Chile, 2222
1227 Buenos Aires (Argentina)
edaf4@speedy.com.ar

Edaf Chile, S. A.
Coyancura, 2270, oficina 914, Providencia
Santiago, Chile
comercialedafchile@edafchile.cl

3.ª edición, abril 2019

ISBN: 978-84-414-3581-0
Depósito legal: M-33366-2015

PRINTED IN SPAIN IMPRESO EN ESPAÑA

Service Point

LA TIERRA NO PERTENECE AL HOMBRE; es el hombre el que pertenece a la tierra. Eso es lo que nosotros sabemos. Todas las cosas se encuentran entrelazadas, como la sangre que une a una familia. Aquello que pueda acontecer a la Tierra, también acontece a los hijos de la Tierra. No fue el hombre el que tejió la trama de la vida, ya que él es tan solo un hijo de ella. Aquello que pueda hacer a esa trama se lo hace a sí mismo.

Palabras del jefe indio Seatle, cuando su pueblo se vio obligado a ceder sus tierras a los colonizadores norteamericanos, en 1852.

A mi hijo, Lorenzo De' Carli Debiasi, y a mi marido, Clayton De' Carli Debiasi, por todo el amor y por haber hecho de nosotros un nueva y hermosa familia, un presente de Dios.

A mis queridos abuelos, Alicia, Ana y Manuel.

A mis amados padres, Johnny De' Carli y Valéria Hammes De' Carli.

Y a mi hermano tan querido Daniel Neto.

Índice

Agradecimientos

A mi padre, Johnny De' Carli, por todo el incentivo y estímulo mostrados en la redacción de este libro, desde la primera palabra escrita.

A mi madre, por el apoyo en la divulgación de esta obra.

A mi marido, Clayton De' Carli Debiasi, por todo el soporte y apoyo en este caminar de tanta dedicación y determinación para la redacción de este libro.

A Décio Lopes, por la oportunidad ofrecida de compartir este maravilloso saber, y también por todo el cariño que siempre demostró con su trabajo.

Prefacio

Hablar de Juliana no es una tarea fácil para mí, ya que soy como el padre «lechuza» para ella. Cuando se habla de una hija como Juliana, se corre el riesgo de que un simple prefacio se convierta en todo un libro.

Juliana nació en el año 1986. En aquel tiempo yo ocupaba el cargo de Delegado Federal de Agricultura en el Amazonas y pilotaba aviones, como piloto privado. Ambas profesiones, en aquella época y en aquella región, no eran de las más seguras, y no fueron pocas las veces en que corrí un riesgo mortal.

Juliana nació en una época turbulenta, en la que abundaban en mi trabajo los viajes y las actividades profesionales; debido a ello tuvimos pocos contactos durante sus cuatro primeros meses de vida. Me acuerdo bien de la mañana de un día de huelga en la que entré en su cuarto. A Juliana la estaba vistiendo su abuela, después del baño. Ella oyó mi voz, me miró y su rostro se abrió en una bonita sonrisa. Aquella sonrisa irradió un magnetismo tan fuerte que penetró en mi alma. Mi vida ya nunca más sería la misma después de aquel día. Desarrollé un sentido de prudencia: tendría que evitar cuidadosamente cualquier cosa que me pudiera privar de aquella «sonrisa». Cambié de profesión y de empleo, y me fui a vivir a la tranquila ciudad de Poços de Caldas, situada en las verdes montañas del Sur de Minas Gerais, con el objeto de poder dedicarme más intensamente tanto a ella como a su hermana Diana. Juliana fue la personita que, con una simple sonrisa, consiguió lo que otras muchas personas no habían logrado de mí: hacerme cambiar; hacer de mí un ser humano mejor.

Juliana fue creciendo, y en poco tiempo descubrí que tenía el poder de cambiar a las personas, de la misma manera que había hecho conmigo; y comprendí que, con los instrumentos adecuados, también podría ayudar a cambiar el mundo.

Conocí el Ho'oponopono un poco antes que Juliana, que ya era Maestra de Reiki e iniciada en el Chamanismo en los Andes peruanos. Pronto me di cuenta de que el Ho'oponopono sería como un nuevo «farol» para Juliana. Como un padre que confía y no duda en invertir en sus hijos, la inscribí en un congreso que se celebraría en Madrid, España. Ella quedó encantada con el nuevo método, y prosiguió sus investigaciones con otros maestros. El Ho'oponopono constituye uno de esos instrumentos que, no tengo duda, ayudará a Juliana a situar a muchas personas en un «camino de luz», y a ser más saludables y felices.

«Lo siento mucho. Perdóname. Te amo. Gracias»

San Lorenzo, 9 de julio de 2013
Prof. (MSc) Johnny De' Carli

Johnny De' Carli es Maestro de Reiki y autor de los siguientes libros:

- *Reiki Universal.*
- *Reiki – Una terapia del Tercer Milenio.*
- *Reiki – Amor, Salud y Transformación.*
- *Reiki – Sistema tradicional japonés.*
- *Reiki para niños.*
- *Reiki – Los poemas recomendados por Mikao Usui.*
- *Reiki – Apostillas oficiales.*
- *Reiki – Como filosofía de vida.*

1

Presentación

Querido lector, en primer lugar, agradezco el hecho de que estés leyendo mi libro. Y te aseguro que constituyó una decisión determinante en mi vida, ya que para escribirlo tuve que optar por diversas alternativas y renunciar a viejos sueños. Estas palabras forman hoy parte de mi realidad actual.

Tal vez ya me conozcas, o tal vez no. Soy Juliana De' Carli, hija de un conocido Maestro de Reiki, Johnny De' Carli. Nací en Río de Janeiro, ciudad en la que vive buena parte de mi familia. Me formé en Educación Física en la Universidad Estatal de Campinas, a fin de poder conocer las particularidades del cuerpo físico y poder profundizar cada vez más en el funcionamiento del cuerpo humano, tanto física como energéticamente.

Con respecto a mi padre supongo que es persona conocida, ya que su trabajo y su amor por los demás han servido para establecer y para seguir estableciendo una diferencia sustancial, hasta el día de hoy, en la vida de muchas personas incluyendo la mía propia.

Mi padre invirtió mucho tiempo y mucho dinero en estudios para encontrar respuestas en la técnica del Reiki, tradujo diversos manuscritos japoneses y trajo a Occidente muchas informaciones sobre esta técnica, tanto en el plano histórico como en el técnico. Y de un modo muy sencillo él sigue trabajando en ellas para que todo el mundo pueda entender de mejor manera la energía de Dios, ya que ella nos pertenece a todos.

Me hice reikiana el día 18 de septiembre de 1994, a los ocho años de edad. Fui iniciada por la Maestra Claudete Franca, en Poços de Caldas, MG, localidad en la que viví desde los cuatro hasta los trece años. En aquel tiempo el matrimonio de mis padres estaba tocando a su fin, y yo me sentía muy angustiada con la situación que estaba teniendo lugar en casa. Yo no estaba muy al tanto del hecho de que los padres se pudieran separar, ya que hasta entonces no era un hecho tan corriente como sucede en la actualidad.

El día en que fui iniciada en Reiki me dejó una profunda huella, y en la actualidad aún tengo grabadas aquellas escenas en mi memoria. Me acuerdo de que mi madre estaba sentada en una gran sala, que ya me resultaba familiar debido a las sesiones de fisioterapia que había hecho en ella. La sala estaba llena de personas, la mayoría mujeres, que se encontraban sentadas en el suelo o apoyadas en las paredes.

Mi madre se encontraba allí para impartir el Nivel 2 de Reiki: y tanto mi hermana como yo fuimos iniciadas separadamente con otras tres niñas en una sala pequeña, en el interior de la clínica.

Durante la iniciación yo estaba con los ojos muy abiertos, sintiendo gran curiosidad por saber lo que estaba sucediendo allí. Solo me acuerdo de que la Maestra se volvió hacia mí para pedirme que tanto las otras niñas como yo cerráramos los ojos. Al final nos explicó que a partir de aquel momento seríamos canales de energía, que si sintiéramos algún dolor, podríamos pasar energía a través de nuestras manos, y que de ese modo el dolor cesaría. Mal podía saber yo entonces que, verdaderamente, a partir de aquel momento estaba iniciándose una gran jornada, todavía precoz, de aprendizaje y crecimiento espiritual en mi vida.

Me acuerdo de que en esa misma semana mi padre compró para mi madre un ramo de flores de color rosa, no recuerdo de qué especie, y de que al día siguiente las flores estaban completamente ajadas y mustias, ya que la energía de la casa no era muy propicia en aquellos momentos.

Yo me encontraba con mi padre en la habitación en que estaban las flores y me decidí a comprobar la energía Reiki sobre ellas. Apliqué la energía durante diez minutos aproximadamente. Después, salí para acompañar a mi padre que tenía que hacer algún recado en la calle. Poco menos de dos horas después ya estábamos de regreso en casa, y nos encontramos con que las flores estaban en perfectas condiciones y llenas de vitalidad. Esta fue mi primera experiencia con el Reiki, a la edad de ocho años.

Mi padre, que había presenciado la escena y que no dejaba de observarme tanto a mi hermana como a mí, que ya habíamos sido iniciadas, decidió entonces hacer el curso de Reiki y de profundizar en esta técnica, lo que produjo toda una serie de frutos beneficiosos que hoy se pueden ver, incluyendo los ocho libros escritos sobre la técnica del Reiki.

El 8 de abril de 1996 mi padre inauguró la sede del Instituto Brasileño de Investigación y Difusión del Reiki, en el centro comercial de Copacabana, en Río de Janeiro. En esta sede participé en muchos cursos y sesiones curativas de mi padre. Yo participaba solamente en los cursos básicos, dada mi corta edad. Llegué a pasar todo el mes de julio frecuentando el Instituto, aplicando la técnica del Reiki, haciendo conjuntos florales y cambiando las diversiones de la playa por el Reiki.

Tuve que esperar hasta los diecinueve años para ser iniciada en el Nivel 3A, y hasta los veintiún años para acceder al nivel de Maestría de Reiki, de acuerdo con las instrucciones de los maestros japoneses que recomendaban estas edades para lograr la total formación de los chakras y la madurez intelectual y hormonal. El nivel 3.º del Reiki es el nivel en el que se trabaja el cuerpo espiritual. Para mí constituyó una magnífica experiencia.

El curso tuvo lugar en el Flat George V Residence-Jardins, en Sao Paulo. En este curso mi padre enseñaba una técnica oriunda de Hawai, la llamada Cirugía Kahuna. La sala estaba llena de alumnos, y mi padre me pidió que estuviese en el centro de la rueda, a su lado, para llevar a cabo una demostración de la Cirugía Kahuna en dos de las participantes del curso, que presentaban ciertas dolencias.

En uno de los casos, la señora en la que apliqué la cirugía no veía bien con uno de los ojos; aseguraba que tenía una mancha negra en los ojos que le impedía ver con normalidad, si bien podía distinguir las cosas alrededor de la mancha. Por lo que respecta a la otra mujer, una psicóloga, en la que mi padre aplicó la técnica padecía una bursitis en el brazo izquierdo. Mi padre me miró y me pidió que siguiera atentamente las diferentes etapas de la técnica, hawaiana, mientras el resto de los alumnos observaban el proceso con el fin de que todos aprendiésemos.

Yo ya había tenido la oportunidad de ver cómo un médico reikiano aplicaba esta técnica en mi hermana con un resultado muy positivo, pero hasta el momento no sabía mucho más de ella. Al finalizar la sesión mi padre preguntó a las dos señoras enfermas si habían sentido algo. La psicóloga habló muy entusiasmada, afirmando que había tenido la sensación de que había pasado alcohol a lo largo del brazo y que el dolor que antes sentía se había aminorado. Por lo que se refiere a la otra señora, sobre la que yo había practicado la técnica, afirmó que no había sentido nada. Pensé de inmediato que seguramente yo no había sabido practicar la técnica de forma correcta. Esa noche me acosté muy triste, ya que no había tenido éxito en mis prácticas.

El día siguiente se inició un curso intensivo de Maestría, con una duración de quince días consecutivos. La hija de la señora en la que yo había aplicado la técnica estaba inscrita en el curso y me dijo que deseaba hablar conmigo al final de la clase. Sentí mucha curiosidad, y cuando terminamos la clase la chica se me acercó y me dijo que la madre empezaba a ver mejor de cerca. Preguntamos al maestro Johnny sobre el caso y este nos recomendó que la hija de la señora continuase haciendo otras dos sesiones más de cirugía Kahuna, para que su madre pudiese quedar plenamente recuperada.

Esta fue la primera experiencia que tuve con la cirugía Kahuna; posteriormente hubo muchas otras, y todas las personas en las que apliqué la técnica respondieron positivamente al tratamiento. En mi opinión, entre todas las técnicas de curación esta es la más eficaz de cuantas conozco. Por tal motivo los kahunas, este pueblo nativo hawaiano, merecieron todo mi respeto y admiración. Así pues, insisto en esta técnica, ya que el Ho'oponopono es también una técnica que procede de los kahunas.

A mis veintiún años, cuando hice la Maestría de Reiki, las experiencias vividas fueron haciéndose más profundas, con la aportación de nuevas técnicas y nuevas vivencias. En esta época yo vivía en una zona residencial para estudiantes, en una casa cerca de la Unicamp. Era un lugar excelente en el que tuve muchas experiencias. No obstante, era difícil encontrar allí personas de mi edad con las cuales pudiera compartir lo que yo estaba viviendo y aprendiendo, ya que abundaban las fiestas y diversiones entre los estudiantes. En cualquier caso, ese ambiente no me impidió hablar de mis experiencias con los compañeros, pues siempre fui de la opinión de que podía despertar algún tipo de inquietud en ellos.

Era habitual que en muchas conversaciones, y hasta en el transcurso de las fiestas que surgían, yo no me cortase al mencionar temas relacionados con el Reiki y con la espiritualidad, pues siempre pensé que podía despertar ciertas inquietudes en mis camaradas. Y resultaba muy gratificante comprobar cómo estaba creando cierta curiosidad en ellos, porque me solían hacer preguntas al respecto, lo que me alegraba al constatar que de alguna manera estaba cumpliendo con mi misión. Pero de todos modos traté en algunas ocasiones de seguir la corriente del ambiente que me rodeaba, pues advertí el conflicto que podía surgir al hablar de temas espirituales en aquel entorno juvenil en el que vivía.

Este alejamiento de mi mundo interior me hizo palpable la diferencia entre vivir de acuerdo con las leyes divinas y las prácticas necesarias para mantener el equilibrio físico, emocional, mental y espiritual, y el no practicar mi íntimo conocimiento para vivir una vida indisciplinada, que hasta podría calificarla de «ojos cerrados», como resulta habitual para muchas personas que pasan toda su vida sin un «despertar» que les permita entender mejor la Fuente Universal; la búsqueda de la espiritualidad para conseguir una evolución espiritual de índole personal; es decir, esa forma de ser con la que cada uno busca su propio crecimiento interior.

Por ejemplo, ¿de qué sirve ser la hija de Johnny De' Carli, persona tan sabia y equilibrada, si una no sabe aprovechar esa circunstancia para sí? Naturalmente que la ayuda que proporciona ese hecho ayuda hasta cierto punto y en gran manera. Es una circunstancia que proporciona todo tipo de apoyo, de enseñanza, de cursos y soporte. Gracias a mi padre yo pude tener esa formación siendo todavía muy joven; pero es preciso que sea uno mismo el que se esfuerce en desear, buscar, estudiar y leer. Solamente somos nosotros mismos los que, de hecho, hemos de esforzarnos; porque cada uno tiene su propia hora, su propio momento en que siente la necesidad de crecer un poco más para poder comprender también algo más de la vida. Como dice el maestro Confucio: «De nada vale intentar ayudar a aquellos que no se ayudan a sí mismos».

Además de las clases a las que asistí en el Instituto de Río de Janeiro y de Sao Paulo, mi padre me llevó con él en alguno de sus viajes de estudio y de crecimiento personal. Con él viajé a Salvador, Fortaleza, Sao Tomé das Letras y Perú, acompañando siempre a grupos numerosos de reikianos. También fui a Madrid, al Congreso Internacional de Reiki. En Perú el grupo siempre estuvo guiado por el veterano chamán Malku y por su mujer Allana.

En cada uno de estos viajes tuve diferentes e increíbles experiencias. Yo diría que en algunas de ellas me pareció sentir algo mágico, sin contar con la belleza que poseían algunos rituales. Pero lo más importante fue vivir, sentir y ver con mis propios ojos todo lo que pude presenciar, pues de este modo logré incorporar una experiencia necesaria. Y, ciertamente, fue algo que llegué a aprender y asumir. No era posible que pudiera apartar de mí todo aquel bagaje, decir que no lo había visto, asegurar que no era verdad, pues allí estaba yo bien presente. Tuve la experiencia de que fueron muchas las personas que me dijeron que estaba engañada, que nada de eso existía, que era cosa de charlatanes. En este sentido, las conversaciones mantenidas con otro tipo de profesionales resultaron las más difíciles. Pero, como ya he dicho, ninguna persona escéptica pudo disipar mis propias experiencias.

Sé que aún tengo mucho que aprender y que experimentar; estoy «abierta» a este tipo de aprendizaje que resulta muy importante, porque como dice el maestro Confucio: «Es preciso vaciarse para poder recibir más conocimiento». Lo que está lleno no se puede llenar más, ¿de acuerdo? Y siempre, siempre tenemos mucho que aprender.

En el viaje a Perú cambiábamos de ciudad cada dos días; los hoteles y la comida eran excelentes, y todos los días el grupo realizaba distintas prácticas y técnicas de chamanismo o de Reiki. En ese año en que formé parte del grupo hicimos la meditación de «Todo amor», dentro de un templo sagrado peruano (Morai). También fue durante ese viaje cuando oí hablar mucho de Ho'oponopono. Ya había oído anteriormente comentar superficialmente esa técnica a través de las redes sociales de Internet. Por desgracia, durante el viaje no tuve ninguna experiencia con Ho'oponopono, pero todo llega a su debido tiempo. Hice investigaciones sobre la técnica y aprendí los fundamentos básicos; de todos modos me faltaba orientación.

Más tarde cuando, finalmente, tuve la oportunidad de participar en mi primer taller, pude disfrutar de los buenos resultados de la técnica, y fue entonces cuando decidí profundizar más intensamente en ella.

En aquellos días me encontraba pasando por una etapa difícil, porque todo había cambiado en mi vida. Tuve que escoger entre regalar mi cachorro y continuar viviendo con mi amiga en la bonita casa que habíamos alquilado, o continuar con mi perrita de diez años, la «Luna». Decidí quedarme con mi cachorro, y gracias a eso fui a vivir con mi madre en un pequeño y alejado apartamento; esto hizo que también tuviera que dejar mi trabajo, porque este me quedaba muy retirado y necesitaba estar muy temprano en la academia para dar la clase de gimnasia en otra ciudad. De modo que me quedé sin casa, sin muebles y sin las pertenencias y el trabajo que tanto adoraba. Me sentí muy triste, porque aquello representó un cambio radical en mi vida, cosa que redujo mucho mis energías.

Gracias a Dios y a mi padre, el Ho'oponopono entró con toda su fuerza en mi vida en el transcurso de aquel mismo mes; ello me aportó nuevamente el equilibrio, la paz interior, la felicidad y la sincera sonrisa. Esto también hizo que practicase mucho más el Reiki. A pesar de haber crecido con esta técnica, no la practicaba diariamente, ya que en aquellos momentos carecía de fuerza, cosa que hoy no me sucede, puesto que siempre siento la necesidad de llenarme de energía cada mañana y cada noche, a fin de mantenerme equilibrada en todos los aspectos.

Para mí, el Ho'oponopono fue la línea divisoria que marcó mi vida.

2

Qué es el Ho'oponopono

Ho'oponopono es un método hawaiano que significa «corregir un error». En la lengua hawaiana *Ho'o* significa «causa» y *ponopono* quiere decir «perfección». Además de esto, la práctica del Ho'oponopono para los Kahunas aporta equilibrio en tres niveles, los tres «Yoes» que poseemos: *Uhane,* el «Yo medio» o «Yo consciente»; *Unihipili,* o «Yo básico», que corresponde a nuestro yo instintivo o inconsciente, y el Aumakua o «Yo superior».

Ho'oponopono es un proceso
de Autocuración subconsciente.

Tenemos un cinco por ciento de mente consciente, un sesenta y cinco por ciento de mente inconsciente y un treinta por ciento de mente superconsciente. Utilizamos el consciente para decidir nuestra vida, teniendo en cuenta que si bien este constituye la «cabeza», el inconsciente representa el «cuello».

Es el inconsciente el que acaba dirigiendo nuestros pensamientos y nuestras acciones, ya que posee los recuerdos almacenados de otras vidas, de otros niveles de conciencia, de nuestras relaciones familiares y de los acontecimientos que han venido sucediendo a lo largo de nuestra existencia.

En un determinado momento supimos que cierta actitud o cierta idea era la más conveniente para protegernos; o bien que aquello en lo que creíamos era verdadero para nosotros. Sin embargo, es posible que ahora tal actitud o tal conocimiento ya no tengan sentido y solamente sirvan para producirnos insatisfacción o infelicidad. Y es precisamente aquí en donde la técnica del Ho'oponopono consigue actuar, al hacerlo en un nivel más profundo y más difícil de acceder, logrando transmutar lo que ya no nos es válido.

Para acceder al inconsciente necesitamos encontrarnos en alfa, o estado hipnótico; aunque también es posible lograrlo repitiendo muchas veces ciertas palabras, ya sean escritas o verbalizadas. Existen recursos utilizados para trabajar un patrón inconsciente, como es el caso de la PNL (Programación Neurolingüística), la meditación, la hipnosis o la regresión, pero nada resulta tan eficiente como el Ho'oponopono que, además de enlazar los «Tres Yoes» del ser con la Fuente Divina, se aprende y se puede utilizar fácilmente.

Practicar con lucidez Ho'oponopono, conscientes de todo su significado, nos convierte en Seres Integrales. Porque, en el fondo, somos seres espirituales con una experiencia material, y no seres materiales que buscan la espiritualidad para lograr una experiencia espiritual. En realidad, se trata de buscar la esencia espiritual que hay en cada uno de nosotros. Por esa razón se puede apreciar tanta plenitud y brillo en la mirada de aquellas personas que se encuentran en este camino.

Como ya se ha dicho, el Ho'oponopono corrige los errores. Por consiguiente, la existencia de un problema es la clave del Ho'oponopono, toda vez que esta técnica pone de manifiesto algo que necesita ser transmutado, restaurado; algo de lo que muchas veces no se conoce la causa y que necesita ser bien definido.

Por ejemplo, usted posee una determinada forma de actuar que no le agrada, pero cuando menos lo espera repite la misma acción que se encuentra enraizada en su personalidad, sin que tenga la menor idea de por qué actúa de ese modo. Es en estos casos cuando puede corregir este defecto practicando Ho'oponopono, aunque no llegue a conocer su mecanismo de actuación; e incluso existe la posibilidad de llegar a tener alguna introspección que explique su origen, como ya sucedió en muchos casos. Todo tendrá mucho sentido para usted, además de verse beneficiado por el resultado.

Como ya se ha dicho, el acto de repetir ciertas palabras puede llegar a nuestro inconsciente, ya sean escritas o habladas. Para que esas palabras surjan, las hemos de pensar previamente, tanto si las pronunciamos como si las escribimos, pues el hecho de repetirlas ya constituye un patrón de pensamiento. Por consiguiente, es importante que tengamos siempre presente que todo comienza en el pensamiento.

Cuando las familias kahunas se reunían para resolver, por ejemplo, el problema de un hijo, eran conscientes de que aquel hijo había sido el ser más sensible, y que podía seguir siendo víctima del resultado de los pensamientos de toda la familia. Por consiguiente, practicaban siempre el Ho'oponopono, aunque no se presentase un problema explícito, pues consideraban esa práctica como una especie de baño espiritual. Un baño que cuidaba la mente, los pensamientos y el espíritu, y, en consecuencia, cuidaba las emociones y el cuerpo en el plano material, promoviendo el Ser Integral.

3

Por qué practicar el Ho'oponopono

Tanto el Ho'oponopono como el Reiki son técnicas que, una vez adquiridas, permiten ser utilizadas por el terapeuta o facilitador.

La persona que participa en un taller o en un curso de alguna técnica de esta clase, suele presentar normalmente dos razones para interesarse por ella: o bien se siente ansiosa, preocupada y desamparada y desea encontrar una forma de trabajar consigo misma, o de encontrar a alguien que le ayude en esa tarea, o bien ya tiene conciencia del Todo, de la esencia de la vida y del ser humano y desea profundizar más en ello.

En determinadas ocasiones se aprenden ciertas técnicas que no llegan a satisfacer a la persona, porque no las encuentran completas al practicarlas y que, por consiguiente, no llegan a poner en práctica lo aprendido. Existen otros motivos que impiden a la persona practicar sus conocimientos como, por ejemplo, la falta de tiempo o la carencia de un espacio apropiado; o bien la falta de disciplina e, incluso, el olvido de lo que se ha aprendido. Para nada sirve aprender algo que no se practica. Imagino que si usted está leyendo este libro es porque desea, básicamente, lograr un mayor conocimiento a fin de mejorarse a sí mismo, ya que nuestra paz reside en nosotros mismos.

El Ho'oponopono es una técnica que puede realizarse en cualquier sitio, ya que tiene lugar en la propia mente y no necesita de mucho tiempo. Dependiendo del tema a tratar bastan, algunas veces, unos pocos minutos para ponerla en práctica.

Cuando mi vida se vio desestructurada en todos sus pilares afectando profundamente a mis emociones, me sentí sin fuerzas para aplicar Reiki. Me encontraba tan desvitalizada y triste que ni siquiera era capaz de poner las manos sobre el corazón o sobre otra parte del cuerpo para aplicarme la energía del Reiki, algo que puede hacerse acostada o incluso a la hora de dormir. Cuando adquirí la enseñanza del Ho'oponopono logré modificar todos aquellos sentimientos de tristeza y pude de este modo practicar diariamente las dos técnicas.

En aquellas ocasiones en que usted no logre solucionar sus problemas como estaba acostumbrado, tal como me sucedió a mí con el Reiki, el Ho'oponopono consigue llenar ese vacío. Dado que esta técnica excluye el ego en su solución, representa una plena conexión con lo Divino y es precisamente eso lo que actúa en nosotros. Aquí, excluir el ego tiene un doble significado. El primero es que al hacernos responsables del problema, sea este cual fuere, ya estamos actuando con humildad y sin buscar una respuesta, sino más bien entregándonos a la Fuente Divina para que sea ella la que lo solucione. El segundo significado es que el ego constituye el resultado de un conjunto de recuerdos que pueden ser transmutados poco a poco, dejando de este modo de actuar sobre su personalidad. A lo largo de este libro iremos clarificando mejor estos conceptos.

Algunas técnicas dejan de lado el problema focalizándose en la solución, cosa que siempre encontré inteligente: trabajar para fortalecer el lado «más bajo de la balanza». El Reiki y otras técnicas actúan de esta manera en el desequilibrio de las energías yin-yang. Si la persona presenta un exceso de yang el Reiki le proporciona más energía yin; si, por el contrario, presenta un exceso de yin le dota de más energía yang. En el Ho'oponopono nos enfrentamos al problema, ya que este es la clave. Y cuanto más específico sea ese problema tanto mejor será, pues de este modo sabremos exactamente lo que necesita ser trabajado y transmutado. Dicho de forma resumida: se trata de poner el problema en las manos de Dios.

Una vez que el problema ha sido definido, el practicante necesita asumir plenamente la responsabilidad del mismo, ya que, en el plano de la tercera dimensión, algo en su subconsciente atrajo tal situación a su vida. En el plano de la quinta dimensión todos somos UNO, y todo cuanto nos acontece no es más que un reflejo. Por tanto, podemos asumir plenamente nuestra responsabilidad y con una mayor comprensión. El practicante, tras adoptar esta actitud, hace su petición a la Divinidad, acompañándola de unas determinadas oraciones y respiraciones que explicaré más adelante.

El doctor Hew Len, que es una figura importante en la técnica Ho'oponopono, enseña una oración muy sencilla: *Lo siento mucho, Perdóname, Te amo, Gracias.* En esta oración asumimos el problema al decir «lo siento mucho», aceptando nuestra propia responsabilidad. Existen otras oraciones, pero estas cuatro frases poseen la respuesta directa para todos los sentimientos relacionados con la práctica, siguiendo con cada frase el proceso de transmutación. Más adelante daré más detalles a este respecto.

Los beneficios que proporciona el Ho'oponopono son múltiples: desde cambiar los sentimientos y los patrones de pensamiento, modificar las relaciones y resolver problemas, hasta cambiar importantes situaciones vitales relacionadas, por ejemplo, con la profesión, la familia y la salud. Yo aconsejo que la persona empiece por modificar sus pensamientos y sentimientos, ya que esto es algo que con el Ho'oponopono se transforma de manera casi instantánea, de modo que el practicante puede percibir rápidamente la eficacia de la técnica.

Como todavía nos encontramos iniciando este libro en el que hemos de hablar sobre la historia y el origen de la técnica, le rogaría que en su tiempo libre estableciera usted tres problemas que quisiera trabajar en el momento en el que las técnicas empiecen a explicarse a lo largo de estas páginas.

Con relación al primero de esos problemas, le sugiero que sea un pensamiento relacionado con una cuestión actual con la cual se sienta usted incómodo; algo que pueda resultar más sencillo y fácil de resolver. El segundo problema podría ser algo intermedio como, por ejemplo, una relación conflictiva personal, o bien la que pueda tener con una persona que le resulte incómoda en su trabajo. En tercer lugar, escoja algo cuya solución exija más tiempo, como puede ser un problema financiero o la construcción de una casa.

Es importante que tenga en cuenta que cuando vaya a practicar el Ho'oponopono y exista una petición inicial que desea verse cumplida y para la cual busca ardientemente una solución, conviene dejar libre la mente. No pida la solución, pida mejor la transmutación. El Universo le enviará la mejor respuesta; una respuesta que muchas veces le llega de forma inimaginable. Al poner el ejemplo de un problema económico, puede suceder que surja un nuevo trabajo o una nueva promoción laboral en su empleo. Pero lo más importante es desahogarse, y confiar en que la Divinidad puede actuar en nuestra vida; tengamos fe, no hagamos mal a nadie, ni siquiera a nosotros mismos, actuemos en busca de una solución y entonces el Universo «conspirará» en nuestro favor.

Es necesario actuar; el simple hecho de que usted actúe buscando lo que desea ya establece una energía que atraerá su deseo. Es la ley de la atracción. La acción ayudará, pero la respuesta tal vez llegue por otras vías, si bien puede ser asimismo fruto de su trabajo. Y cuando reciba esa bendición, ese don, no se olvide de expresar su agradecimiento.

Seguidamente escriba, de forma específica, sus tres peticiones:

1. ____________________

____

____

____

____

____

2. ____________________

____

____

____

____

____

3. ____

____

____

____

____

____

En el capítulo 13 encontrará oraciones que podrán ayudarle en la práctica de cada caso.

4

El origen en Hawai

La técnica del Ho'oponopono se está haciendo más conocida día a día, si bien no se encuentra actualmente tan difundida como la del Reiki. En mi caso quise buscar toda la información sobre su origen, ampliando mis conocimientos sobre Hawai, ya que era en estas islas en donde vivían los nativos Kahunas que desarrollaron esta técnica.

Hawai es un archipiélago compuesto por ocho islas de origen volcánico que emergieron lentamente del fondo marino a través de un *hot spot* (punto caliente). Los únicos volcanes que todavía se encuentran activos son los del sudeste de Hawai. Allí se halla el Parque Nacional de los Volcanes, un patrimonio de la Humanidad por la Unesco desde el año 1987. Situado en medio del Océano Pacífico es el estado americano más alejado del país. Y, dada su localización más meridional en relación con el resto de los estados norteamericanos está considerado parte de los estados del Pacífico, de las islas de la Polinesia. Su capital es Honolulu, que se encuentra a tres mil cien kilómetros de distancia de la costa oeste norteamericana. Es el único estado de los Estados Unidos que posee un clima tropical con elevadas temperaturas durante todo el año, y una media térmica invernal que oscila entre los 22 y los 25 grados.

Historia

Los primeros habitantes del archipiélago hawaiano eran nativos polinesios que ya vivían en la isla en tiempos anteriores a la llegada de los europeos, en 1778. El archipiélago también había recibido previamente la visita de otros pueblos polinesios procedentes de diferentes islas situadas más al sur y también de Taití. Este grupo llegado de Taití desembarcó en las islas hawaianas alrededor del siglo VIII de nuestra Era, trayendo una cultura diferente que incluía instrumentos musicales, plantas, una religión distinta y otros jefes que poseían una sabiduría específica y que eran los llamados *chamanes.*

Estos chamanes tenían conocimientos de tipo espiritual sobre diferentes materias, ya fueran estas de índole política, comercial o cultural. La diferencia con el resto de otras tribus radicaba en su espiritualidad, en la forma cómo gobernaban a los pueblos. Poseían asimismo conocimientos de medicina, basados en elementos naturales y en el contacto con los animales.

Con el paso del tiempo fue disminuyendo en Hawai el número de nativos y, por el contrario, aumentando el de extranjeros. El primer europeo que llegó al archipiélago fue James Cook. Desembarcó en la isla el 18 de enero de 1778, dando al archipiélago el nombre de Islas Sandwich como homenaje al duque de Sandwich, famoso aristócrata británico. Las islas se convirtieron pronto en toda una referencia y punto de escala para los navegantes europeos, que al mismo tiempo llevaron al archipiélago diversas enfermedades a lo largo del siglo XIX.

Antes de que los europeos llegaran a las islas hawaianas había en estas múltiples tribus regidas por jefes indígenas. Estas sociedades poseían un sistema organizado y autosuficiente basado en el arrendamiento de tierras comunales. En 1792 un líder indígena llamado Kamehameha, utilizando armas obtenidas de los navegantes europeos, inició una larga guerra que duró trece años contra los jefes de otras islas, con la finalidad de unir todo el archipiélago e instituir la monarquía. Kamehameha cedió entonces extensiones de tierra a las familias rurales. En 1819 su hijo, Kamehameha II, asumió la monar-

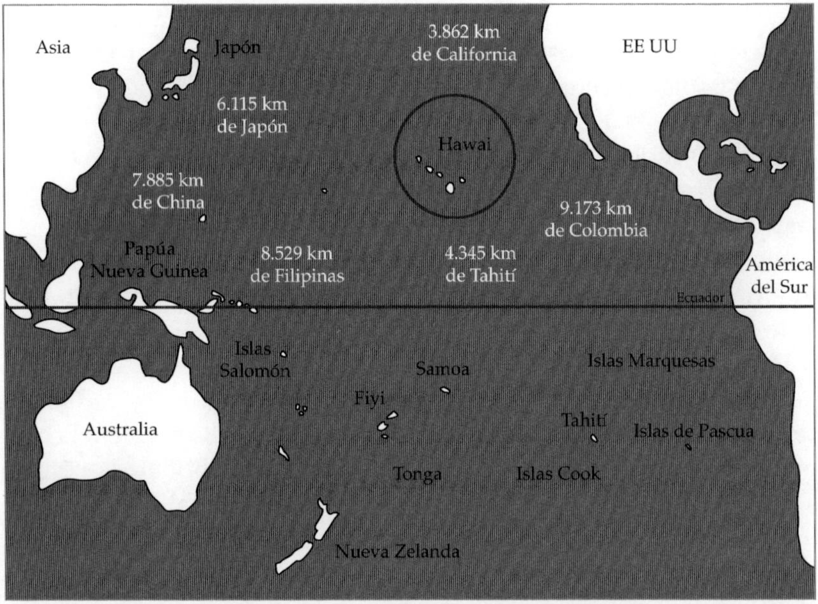

Localización de Hawai en el Océano Pacífico.

quía absoluta y abolió la práctica de la religión hawaiana en lugares públicos, si bien siguió permitiéndola en lugares privados.

En 1820 el Gobierno americano envió un grupo de misioneros y profesores blancos y de religión protestante que eventualmente convertirían a la mayor parte de la población de Hawai al protestantismo. También crearon un tipo de escritura para la lengua hawaiana y fundaron las primeras escuelas de las islas. Siete años más tarde llegaron los misioneros católicos, españoles y franceses, aunque no fueron bien recibidos.

En 1831 todos los misioneros fueron expulsados y los cristianos de origen hawaiano fueron hechos presos.

En 1836 una fragata francesa bloqueó el puerto de Honolulu y obligó a Hamehameha II a liberar a los presos y permitir la libertad de expresión religiosa.

Otro hijo de Kamehameha, el rey Kamehameha (Kauikeaouli) III creó la primera Constitución de Hawai en 1839, conformando un sólido gobierno central compuesto por los poderes ejecutivo, legislativo y judicial. El Gobierno americano reconoció entonces a Hawai como país independiente.

A partir de 1850 Hawai empezó a recibir numerosos emigrantes asiáticos, chinos, portugueses y japoneses. Fue en esta época cuando llegaron al país los padres de Hawayo Takata, maestro de Reiki, que habría de marcar la historia de la difusión de esta técnica. Takata nació en Hawai en 1900, y se le puso este nombre en homenaje a la isla que lo vio nacer, con la adición de la letra «o» al final del nombre, letra que designa el género femenino en japonés.

En 1874 Kalakaua se convirtió en rey de Hawai. Construyó la base naval de Pearl Harbour, lo que proporcionó gran poder económico a los comerciantes y agricultores americanos. A su fallecimiento, su hermana Lili'uokalani se convirtió en reina de Hawai. Esta mujer tenía una visión diferente de la de su hermano, y apoyaba los puntos de vista de la población, que se encontraba muy descontenta con el excesivo número de extranjeros que había en el país.

De nada sirvió a la reina esta postura xenófoba, pues en 1894 se produjo una revolución en el transcurso de la cual tropas americanas y grupos militantes liderados por americanos, alemanes y británicos tomaron Hawai y depusieron a la reina Lili'uokalani. El descontento popular por esta medida adquirió tal magnitud que Grover Clevend, a la sazón presidente de Estados Unidos, quiso devolver el trono a la reina depuesta. Pero ella, junto con los líderes de la revolución, se negó a perdonar públicamente a las facciones disidentes.

En 1898 Hawai entró en un proceso político de anexión a los Estados Unidos, y el 14 de junio de 1900 se convirtió oficialmente en territorio norteamericano.

A partir de 1919 la población de Hawai empezó a exigir la elevación del territorio a la categoría de Estado, pretensión que no llegó a ser aprobada por el Congreso hasta el año 1957, con la firma de la enmienda, el 21 de agosto de 1959, por la que se hacía de Hawai el quincuagésimo y último de los estados que entraban a formar parte de la Unión. A partir de entonces Hawai se convirtió en un gran polo militar y turístico. El famoso centro militar de Pearl Harbour, importante base naval americana fue atacada por la fuerza aérea japonesa el 7 de diciembre de 1941, hecho que determinó la entrada de Estados Unidos en la Segunda Guerra Mundial.

La economía de Hawai ya había prosperado a lo largo del siglo XIX gracias a la venta de maderas de alta calidad a China, hasta la década de 1830; a esto había que añadir también la venta, a partir de 1820, de abastecimientos y de agua a los buques que hacían escala en las islas. Estas ventas se incrementaron con la de caña de azúcar a partir de 1830, y la de abacaxi* a partir de 1880.

Actualmente la principal fuente de ingresos de Hawai procede del turismo, dado que al sector terciario corresponde el 92% del PIB total. El Estado de Hawai posee la tasa de desempleo más baja de los Estados Unidos, ya que no llega al 3,3% de la población. Cerca del 88,5% de los habitantes de este joven Estado, con edad superior a los 25 años, posee un diploma escolar de segundo grado.

La población de Hawai ha venido presentando un crecimiento medio del 22% anual, pasando de los 154 mil habitantes que había en 1900, a 1.360.300 del año 2010. De toda esta población solamente vive el 9% en el área rural. Hawai es el estado americano que posee una mayor mezcla racial, constituyendo los blancos tan solo el 24,2%, y los nativos un reducido 8,2% de la población total.

Múltiples son las religiones que están presentes en Hawai, siendo la más importante la protestante con un 37,8%; los católicos, un 22,8%; los mormones, un 3,3%; los budistas, un 9%; los judíos, un 0,7% y los agnósticos, un 21%.

Pocos son los nativos que siguen viviendo en el archipiélago, y menos todavía los que poseen la sabiduría Kahuna original. Se tuvo que realizar una investigación extensa y profunda de la lengua hawaiana para que pudiésemos obtener el conocimiento del secreto Kahuna.

---

* El *abacaxi* es una variedad de filamento vegetal *(N. del T.)*

Ejercicio práctico

√ Trate de buscar el momento y el local más adecuados para la práctica del Ho'oponopono. En el capítulo 13 encontrará las oraciones que facilitan esta práctica.

√ Relájese, respire profundamente, haga su oración sobre los temas que se especificaron en el capítulo 3 y repita el mantra: «Lo siento mucho, Perdóname, Te amo, Gracias».

5

Kahunas

El término *kahuna* significa «guardián del secreto». Constituye la conjunción de dos raíces: *ka,* que significa «guardián», y *huna,* «secreto». Cuando decimos «secreto», no nos estamos refiriendo a algo que deba permanecer oculto, sino que estamos hablando del hecho de descubrir la esencia de nuestra propia existencia.

Antiguamente las enseñanzas de los kahuna no eran del dominio público, pero actualmente existe la necesidad de que sean difundidas, una vez que la comunicación existente en el mundo es cada vez más veloz y que, además, son muchas las personas que se interesan por lo espiritual. Por consiguiente, se está produciendo una elevación de la conciencia del ser humano.

Para lograr tal estado mental resulta importante disponer de un cierto conocimiento a fin de que cada ser, en su búsqueda individual, tenga la oportunidad de aprender a ponerse en contacto con su propia esencia por medio de esta técnica que une el cielo con el hombre; y que, de este modo, logre entender mejor su conexión y el poder de la Naturaleza, lo que le permitirá habérselas consigo mismo y con sus propios pensamientos, convirtiendo este método en un instrumento necesario para que nos resulte útil en nuestra vida, haciéndola más placentera y sencilla.

Huna —este secreto— es un sistema práctico y simple de conocimiento psicológico y filosófico. Por tanto, se puede considerar a *huna* como una psicofilosofía, o bien como una filosofía psicorreligiosa. Se trata de la sabiduría milenaria de los antiguos kahunas hawaianos, verdaderos chamanes que ayudan a vernos interiormente y a deshacer los misterios que pueblan nuestro propio ser. Este sistema integra la mente, el cuerpo y el espíritu, sirviéndose de esta conexión —por medio de acciones y materializaciones— para adquirir la felicidad personal en nuestra vida.

El método Huna es muy antiguo, ya que tiene más de cinco mil años y fue practicado por sacerdotes en el Oriente Medio, constituyendo una doctrina secreta. Existen muchos indicios de que religiones de Israel, Egipto, India y Mesopotamia pudieron haber sido influenciados por este método. Los esenios, a los que se considera protectores y educadores de Jesús, conocían el método Huna. Incluso, debido a sus conocimientos, se considera al propio Jesús un gran Kahuna.

Existe una teoría que afirma que las prácticas Huna fueron conocidas por los habitantes más antiguos de la Tierra; aquellos pueblos que vivieron en el continente perdido de Mu, también conocido por Lemuria. Estos pueblos llegaron a formar distintas colonias que extendieron el conocimiento Huna por regiones como la India, Egipto, Birmania, Europa, las dos Américas y, probablemente, por la Atlántida, que llegó a ser la región más evolucionada de todas.

Hace aproximadamente trece mil años el continente de Lemuria quedó sumergido en las aguas, debido a intensos cataclismos que dieron origen a las islas de la Polinesia. Gracias a la supervivencia de algunos habitantes de Mu en las islas polinesias, se pudo preservar el conocimiento Huna.

El personaje que logró recuperar este conocimiento fue el americano Max Freedon Long (1889-1971), psicólogo y escritor que en 1917, a los veintisiete años de edad, llegó a Hawai. Max estudió el cristianismo, la teosofía y el zen con un obispo americano. Posteriormente perfeccionó sus conocimientos con un maestro japonés que llegó a alcanzar el estado de satori (nirvana). Maravillado por la actividad volcánica del volcán Kilauea, llegó a conocer a los kahunas y al doctor William Tufts Brigham, su precursor y mentor, quien había estado investigando a los kahunas durante cuatro décadas. A la edad de ochenta y dos años, el doctor Brigham vio en Max Freedon Long su sucesor y el continuador de sus estudios.

Tanto los misioneros como la cultura occidental intentaron destruir el conocimiento ancestral de los kahunas, prohibiendo sus prácticas. Debido a tal prohibición estas prácticas tuvieron que ser ejercidas secretamente.

El mayor obstáculo que tanto Max Freedon Long como el doctor William Tufts Brigham tuvieron que superar fue el hecho de que la sabiduría y las enseñanzas kahuna se transmitían a los discípulos de forma oral. Existía, sin embargo, una tradición milenaria de esta clase; pero los escasos ancianos kahuna, conocedores de las prácticas, se negaron a informar de ellas y de sus secretos a los dos investigadores occidentales. Tales impedimentos explican el hecho de que los estudios llevados a cabo por Brigham y por Long tuvieran que prolongarse durante mucho tiempo.

Tras dieciocho años de analizar los estudios psicológicos y etimológicos llevados a cabo por el doctor Brigham, en 1935 Long llegó a la conclusión de que existía una filosofía psicorreligiosa en la forma de vivir de los antiguos hawaianos; e, incluso, en la manera que tenían de hacer surf, ya que los nativos iniciados practicaban la misma técnica. Era como si al hacer *surf* todos los practicantes fueran uno, los cuales, superando las limitaciones de cuerpo y mente, se unieran en el momento en que lo practicaban. Ponían sumo cuidado en la respiración, vigilando tanto la cantidad de oxígeno que inspiraban como la retención que hacían del oxígeno respirado.

En la lengua hawaiana no existen las formas verbales de pasado y futuro. Los antiguos kahunas vivían en la eternidad del «ahora». Para ellos el aquí y el ahora de cada actividad diaria es el único momento en que puede fundirse, de forma eficaz, lo profano y lo sagrado. El hombre es un puente de unión entre el cielo y la tierra, teoría que trataremos de ir explicando con más detalle a lo largo de estas páginas. No obstante, es posible entender que si en el individuo se conectan cielo y tierra, tal conexión solamente se produce en el «ahora», en el momento presente. Y es precisamente esta vinculación la que logra llevar a cabo en el individuo su actividad cotidiana.

Max Freedon Long explica que Huna es un instrumento que se encuentra al alcance de todo el mundo, y que puede utilizarse en cualquier momento y situación, sin que por ello tengamos que abandonar técnicas tan tradicionales como puedan ser el Reiki, el johrei, el mahikari, la cromoterapia, la terapia floral, la acupuntura o incluso la práctica de cualquier creencia religiosa.

No es necesario abandonar las creencias tradicionales que tengamos para poder valernos, en nuestro quehacer diario, del instrumento Huna.

6

Los siete principios kahunas

Los *kahunas* son auténticos chamanes. La práctica Huna está unida al chamanismo hawaiano, y sus chamanes dominan una serie de principios que constituyen la base de las prácticas kahunas y de la forma de interpretar el mundo. De esos principios se extraen una serie de corolarios que representarían las ideas subsecuentes. Cuando se conocen estas enseñanzas y se las incorpora realmente a la vida diaria, la persona cambia su forma de vivir modificando al mismo tiempo sus pensamientos; todo lo cual se refleja en su modo de sentir y, consecuentemente, en sus acciones. Comprobaremos también que el sistema de modificar la forma de pensar influencia en cada detalle de nuestra vida, ya que el pensamiento es energía y posee forma y lugar en el espacio.

Primer Principio

El mundo es lo que usted piensa que es (IKE).

Corolario: *Todo es un sueño. Todos los sistemas son arbitrarios. El poder del pensamiento.*

La idea base de este principio radica en que, antes de nada, todo depende de la forma en que veamos la vida, el mundo y las personas. Esta visión del primer nivel se llama Ike Papakahi. Si usted se deja llevar por el pensamiento negativo de que el mundo es un lugar de sufrimiento, que nada es verdadero para usted, que las personas solamente pretenden perjudicarle, se posicionará y actuará de este modo negativo ante todo cuanto le rodea. Vivirá sintiéndose una víctima y dejará de actuar de acuerdo con sus verdaderos deseos.

Esta forma de pensar y de encarar la vida traerá consigo sentimientos de tristeza, de depresión y de rencor; es decir, tales sentimientos estarán de acuerdo con ese patrón mental, y usted atraerá una realidad equivalente a sus propios pensamientos. Cuando vibramos con este patrón mental, acabamos por no valorar las pequeñas cosas de la vida, aquellos detalles que si fueran adecuadamente observados aportarían «colorido» a la existencia haciéndola más feliz. Al adoptar una visión positiva del mundo, desechando la postura de víctima, tomando las riendas de la propia vida por medio de sentimientos positivos, y procurando enfrentarse a los problemas de la mejor manera posible, se logrará evitar los sinsabores y el sufrimiento futuro.

La persona que mantiene un patrón de pensamiento positivo muestra, incluso en su propio aspecto, la felicidad. La energía que emana logra contagiar a otras personas; e, incluso, cuando surgen problemas, parece como si todo fluyese en su vida. La diferencia radica exclusivamente en la forma en que esas personas encaran el problema. Evidentemente, los problemas surgen, pero la clave que hace que un problema sea mayor o menor radica en la forma en que nos enfrentemos a él.

Ordenar nuestros pensamientos, mantener la calma y esforzarnos en fortalecernos para lograr una solución, permite que se abran más fácilmente las puertas de la resolución de ese problema, y que se sienta menos angustia, u otro sentimiento negativo, causado por tal situación. Utilizando los conocimientos y las técnicas Kahuna podemos descubrir la realidad mediante una visión metafísica, la llamada

Ike Papalua, que sería la forma de percibir la realidad a través de un segundo nivel.

Al comprender el funcionamiento del flujo energético y la conexión que existe entre pensamiento, energía y cosmos, es posible utilizar este segundo nivel, o *energético,* para controlar al primero, *o físico,* ya que este se torna real en el mundo material, tanto si es mediante acontecimientos o bien materializándose.

En Ho'oponopono damos por cierto que somos cien por cien responsables de todo cuanto nos sucede, ya que a través de nuestros pensamientos hacemos elecciones y atraemos las diversas situaciones y sentimientos. Cualquier juicio o sentimiento que establezcamos sobre una determinada persona o situación está totalmente influido por nuestro pensamiento y por la forma en que lo establezcamos.

Uno de los aciertos de este principio de los kahunas es su forma de ver la realidad, ya que esta es la que va a reflejar su visión del mundo. La contrapartida es la ignorancia, puesto que el carecer del conocimiento debido constituye la falta de flexibilidad que algunas personas manifiestan al no entender que una situación tiene distintas caras.

El color de este principio (IKE) es el blanco.

SEGUNDO PRINCIPIO

No hay límites (KALA)

Corolarios: *Todo está interrelacionado. Todo es posible. La separación no es más que una ilusión inútil. Utilización de las conexiones energéticas.*

Los seres humanos tienen una conexión energética entre el cielo y la tierra que constituye su propio puente de unión. Al considerar la formación de los «tres Yoes» del ser humano, hemos de tener en cuenta que el «Yo superior» representa una parte de Dios. A través de ese «Yo» superior todos los seres estamos conectados, en esa interrelación que constituye la Tela de la Vida. Y al existir semejante vinculación es posible actuar no solamente en la propia vida sino también en la de otras personas, a través de ese «contacto» existente entre los «Yoes» superiores.

La parte positiva de este principio estriba en el esclarecimiento; es decir, en el momento en que el individuo se hace consciente de su conexión con el Universo y establece de forma precisa la vinculación entre su «Yo» y el Universo, transformándose de este modo en un ser holístico.

La parte negativa de este principio radica en su propia limitación;o sea, cuando el ser se circunscribe simplemente a aceptar esta verdad que forma parte de su propia esencia sin lograr su transformación.

El color de KALA es el amarillo.

Tercer Principio

La energía sigue el flujo del pensamiento (MAKIA).

Corolarios: *La atención sigue al flujo energético. Todo es energía. Utilización del flujo de la energía.*

Teniendo en cuenta que todo es energía —incluso nuestros pensamientos—, al focalizarnos en un pensamiento el flujo energético quedará sincronizado con él, y nuestra atención seguirá el curso de ese flujo energético. Nuestro foco de atención se encuentra en donde coinciden simultáneamente nuestro pensamiento y nuestra energía. No se puede separar la energía del pensamiento; y siendo ellos el foco de atención estaremos depositando en ellos nuestra energía vital. Al formarse de este modo tal flujo energético, ambos caminarán unidos.

A fin de explicar con mayor claridad este proceso, vamos a poner un ejemplo: Supongamos que usted tiene que hacer un examen y un hijo suyo, u otro pariente, se encuentra enfermo. Usted va al lugar en donde se celebra el examen, pero su mente se encuentra pendiente del estado de ese hijo o de ese pariente que se encuentra mal. Su cuerpo está presente en el lugar en donde se realiza la prueba, pero su atención está fija en el problema familiar, lo que le impide concentrarse en lo que tiene que hacer. De repente, usted piensa que tiene que concentrarse en su examen y empieza a leer el texto tratando de resolver algún punto del mismo, pero su mente retorna al problema familiar. Y este proceso se repite una y otra vez, de modo que su mente está llena de confusión. De este modo usted sale del examen, o de la prueba que haya tenido que hacer, diciéndose que no tenía la cabeza clara para realizar adecuadamente el examen. Su atención se encontraba concentrada en la persona querida y su flujo energético estaba centrado en ella. Consecuentemente, no logró fijar su atención en la prueba que estaba haciendo ya que su energía no fluía hacia ella.

Por consiguiente, el punto básico, el fundamento de este principio es el foco de atención. Usted debe concentrar esa atención en donde es necesaria, a fin de que su energía coincida con su pensamiento y pueda cumplir la misión que tenía encomendada de forma total, al encontrarse íntegra y completamente centrado en lo que estaba haciendo. En tal estado su cuerpo y su mente se encontrarían unidos en una determinada actividad.

Lo contrario a este principio es la confusión; un aspecto que está ligado al hecho de que la persona divide su atención y dispersa su energía en lugar de concentrarla.

El color de este principio es el naranja.

Cuarto Principio

Su momento de poder es ahora. (MANAWA)

Corolarios: *Todo es relativo. Utilización del momento presente.*

Todo es energía, y gran parte de lo que experimentamos en nuestra realidad es sencillamente aquello que creamos. No podemos cambiar nada del pasado, y tampoco nada se puede hacer sobre un momento que todavía no ha llegado: el futuro. El aquí y el ahora, el presente, es el único momento en que, de hecho, podemos actuar y hacer que aquello que planeamos se haga realidad. En ese momento presente usted puede organizarse para un momento futuro; usted se halla en el aquí y en el ahora, definiendo cuales serán los pasos que ha de dar para conseguir mantener su foco de atención y lograr su objetivo dentro de un plazo determinado o, simplemente, para conseguirlo.

A partir del instante en que estén definidos los pasos que habrán de darse, el objetivo se concretará cuando usted deposite su energía en aquella acción de la que pretende que surja alguna cosa. Para ello es preciso establecer un foco de atención; que esta se encuentre fija en ese momento, que su cuerpo y su mente se encuentren unidos trabajando en el presente. De nada sirve pensar, repensar y decidir, si no hay acción. Y esa acción ha de concretarse en el presente. Cuanto más presente se encuentre en el aquí y en el ahora más fácil le resultará producir y recoger el fruto de sus actos. Es por ello que repetimos la idea expresada al principio. Su momento de poder, su momento de actuar es el ahora.

El beneficio y el atributo de este principio es la presencia, pues, si estuviéramos presentes en cuerpo y mente, nuestra unidad como seres humanos podría actuar y construir.

Por el contrario, la antítesis de este principio es la procrastinación, o relegación de la acción; pues por muy buena que sea la idea que tenemos, si queda relegada solamente al plano mental, marginando su ejecución en el aquí y en el ahora, de nada servirá. Esto es algo tan importante para los kahunas que en la lengua hawaiana solamente existen palabras que se refieren al presente.

El color de este principio es el amarillo.

Quinto Principio

Amar y compartir (ALOHA)

Corolarios: *El amor aumenta cuando disminuye el enjuiciamiento. Todo está vivo, atento y reactivo. Utilización del poder del amor.*

Mucho es lo que hemos oído sobre el amor al prójimo; incluso constituye un mandamiento que resume siete de los diez que Dios nos dio: *Amarás a tu prójimo como a ti mismo* (Mc. 12,31). A pesar de que la idea puede parecer muy sencilla, es necesario que interioricemos su comprensión. Es preciso que sintamos dentro de nosotros el amor por la vida, por las demás personas y seres vivos. Sentimos el amor a través de nuestro chakra cardíaco que se manifiesta con una expansión de su campo magnético. Amar es no juzgar. Y cuando no juzgamos al prójimo, sino que lo comprendemos mediante palabras, pensamientos, imágenes o actitudes estamos transfiriéndole esta energía bondadosa. Un chamán es capaz de bendecir el bien potencial, deseando éxito a las personas a las que se dirige. Puede bendecir reconociendo una cualidad, o resaltando una característica o condición positiva; teniendo la intención de que aquello que se considera bueno pueda acontecer e incrementarse.

El beneficio y atributo de este principio se basa en la bendición y en la emisión de buena energía para el prójimo. Su antítesis es el odio, que genera malos sentimientos y energías de baja calidad.

El color de este principio es el verde.

Sexto Principio

Todo el poder viene de dentro (MANA)

Corolarios: *Todo tiene poder. El poder viene de la permisión (de la creación). Utilización del poder de la permisión (de la creación).*

La energía que absorbemos —MANA— constituye nuestro alimento vital, aquello que nos proporciona vitalidad, lo que nos da vida. Es la energía que deberá utilizarse en aquellos trabajos en los que queramos transferir energía y buenos deseos. A través de ella se puede otorgar poder a algo, ya se trate de una persona o de una cosa. Damos energía con MANA a aquello a lo que queremos dotar de poder. Y de la misma manera que podemos dar también podemos quitar.

Para que algo obtenga poder, es necesario que pongamos intencionalidad en una persona o en una cosa, permitiendo así la aplicación de nuestra energía.

El beneficio o atributo de este principio es la permisividad. La parte negativa es el miedo, ya que este sentimiento representa un obstáculo que impide la transferencia de la energía. El miedo es un sentimiento que al ganar fuerza, es decir, cuando uno permite que se instale en nuestro interior, inmoviliza la acción.

El color de este principio es el azul.

Séptimo Principio

La eficacia es la medida de la verdad. (PONO)

Corolarios: *Siempre existe otra forma de hacer algo. Utilización del poder de la flexibilidad.*

En este Principio los chamanes consideran verdad aquello que es eficaz. Si alguna cosa no está funcionando como es habitual, ¿por qué no modificar esa forma de actuar o de pensar? Las prácticas kahunas, como el Ho'oponopono, aunque no dispongan de comprobaciones científicas, presentan resultados excepcionales. Vamos a aprovecharnos de su conocimiento para gozar de sus beneficios.

Este Principio constituye una ruptura de los paradigmas humanos, lo que resulta esencial, ya que en este momento estamos viviendo en la Tierra una etapa en la que los seres humanos están interconectando su propia esencia, estableciendo un cambio para unirse con la Naturaleza que forma parte del Todo y de cada uno de nosotros. Es el momento del *religarse.* Los seres humanos están buscando respuestas para sus sentimientos y para sus sensaciones, en definitiva, para la vida; buscando su origen, descubriendo la Fuente Divina, y adquiriendo un nuevo significado en la vida.

El atributo de este Principio es el tejido de los sueños. Los chamanes consiguen inducir los sueños en otras personas para que estas puedan establecer conexiones sutiles con la dimensión de lo divino y con las diversas interconexiones existentes con los animales o con las plantas; además de con todo el mundo ancestral y hasta con los cuatro elementos de la Naturaleza.

A través del sueño se logra establecer conexiones. Y gracias a la capacidad que se activa mediante esa conexión se pueden recibir determinadas informaciones. Por lo general, lo que se sueña está siendo elaborado en el inconsciente sutil. Sin embargo, la mente humana se entrega tanto al pensamiento racional que amortigua cada vez más esta capacidad. Cuanto más se practique esta conexión, más claros y evidentes se volverán los sueños. Los chamanes crean sus propios sueños y pueden ayudar a otras personas a hacer lo mismo.

El desafío, o parte negativa de este Principio, es la duda. En el caso de una técnica tan eficaz como es el Reiki, si la persona que imparte la técnica alberga dudas no le será posible establecer esa conexión. En el caso de los sueños la duda imposibilita al individuo discernir si el sueño es real y le está suministrando cierta información o conocimiento, o si bien se trata de un sueño conducido por la mente. En estos casos un filtro de los sueños puede ayudar a establecer la diferencia existente entre aquellos sueños que están siendo influenciados por la mente y aquellos otros que se deben a conexiones sutiles.

El color de este principio es el lila.

Principios del Ho'oponopono

A continuación exponemos los principios del Ho'oponopono. Se podrá observar que dimanan de los principios Kahunas y que se basan, principalmente, en el pensamiento. Ya que el pensamiento es energía y el origen de los sentimientos, de las acciones y de nuestra realidad.

- El universo físico es una manifestación de mis pensamientos.
- Si mis pensamientos son destructivos, crearán una realidad física destructiva.
- Si mis pensamientos son perfectos, crearán una realidad física llena de AMOR.
- Soy plenamente responsable de la creación de mi propio universo físico y de su forma de ser.
- Soy plenamente responsable a la hora de corregir aquellos pensamientos destructivos que generan una realidad enferma.
- Nada está fuera de mí. Todo existe como pensamiento de mi mente.

Ejercicio práctico

√ Busque un lugar silencioso.
√ Serénese y respire profunda y lentamente.
√ Haga su oración y su petición sobre los temas que estableció en el capítulo 3, y repita el mantra.

7

Variaciones en la utilización del Ho'oponopono

Existen diferentes maneras de practicar el Ho'oponopono. Si usted ha logrado entender cuál es la esencia del método, de la filosofía Huna y logra interiorizar estos valores conseguirá practicarla de forma natural.

En el penúltimo capítulo de este libro describo algunas formas de Ho'oponopono que yo practico de forma personal como, por ejemplo, la oración asociada a la utilización del tambor. En esta variedad hacemos una oración y posteriormente, al tocar el tambor de forma rítmica, la mente se vacía estableciéndose un propósito definido. El resonar del tambor, como un paralelismo del magnetismo de la Tierra, fortalece la intencionalidad que usted pueda tener y otorga la inspiración necesaria, estableciendo en la mente un momento de pura conexión.

Uno de los Ho'oponoponos más intensos que realicé en mi vida fue el que hice, arrodillada en una iglesia de Toledo, en España. La oración, sumada a la respiración profunda y a un sentimiento muy sincero de perdón, de aceptación, de amor y gratitud plenamente vividos en mi interior, logró que la petición formulada, tal vez la más importante de mi vida, me fuera concedida en poco tiempo.

De todos modos, el Ho'oponopono más conocido en la actualidad es el de la Identidad Propia, adaptado por Morrnah Nalamaku Simeona (19.5.1913-11.2.1992).

Morrnah era hija de nativos hawaianos y a su madre, Lilia, se la consideró una de las últimas kahunas y una sacerdotisa que curaba solamente con el poder de las palabras. Morrnah también trabajó durante diez años como masajista en gimnasios de distintos hoteles de Hawai. Le enseñó esta técnica al doctor Ihakeakala Hew Len, que fue su ayudante a lo largo de dos décadas. El doctor Hew Len trabajó en un hospital estatal de Hawai, en donde residió durante tres años, dirigiendo el pabellón de psiquiatría, en el que se encontraban ingresados enfermos mentales y criminales peligrosos.

En este centro hospitalario sucedían hechos muy sorprendentes, como el de que no se fijaba la pintura en las paredes y se producían ruidos nocturnos muy extraños que alteraban la tranquilidad del centro. Los empleados se veían obligados a caminar pegados a las paredes para no ser atacados por los internos, y muchos de aquellos tenían graves problemas de salud. Ningún psicólogo lograba permanecer en su puesto durante más de un mes. Con la técnica de la Identidad Propia, el doctor Hew Len obtuvo un gran éxito curando a los cuarenta internos del centro hospitalario. Al poco tiempo desaparecieron las enfermedades gastrointestinales, se introdujeron actividades lúdicas para los internos, aumentó el número de visitas, disminuyó el uso de camisas de fuerza y se introdujeron actividades profesionales. Estos hechos adquirieron notoriedad con el libro de Joe Vitale *Límite Zero*, y lograron que el Ho'oponopono se hiciera más conocido.

El Ho'oponopono es una técnica practicada por los kahunas desde hace tres mil años. Los sacerdotes decidieron enseñarla al resto de la sociedad con el fin de que esta pudiera curar sus enfermedades. En el sistema Huna, todos debían participar del proceso de transmutación y de sanación, constituyendo de este modo un proceso interpersonal. Se trataba de una actividad que resultaba adecuada a un pueblo espiritualizado, que se hallaba conectado con la Naturaleza y que era consciente de la igualdad que existía entre las personas y lo Divino y, por consiguiente, de la interconexión existente entre todo y todos.

Ahora bien, ¿cómo se podría adaptar este método a una sociedad moderna, de corte individualista y que se mueve contra reloj? En el Ho'oponopono de la Identidad Propia hemos de admitir plenamente la propia responsabilidad, pues se trata de un proceso personal. En este método es el individuo el que ha de ser capaz de considerarse responsable por entero de sus males, y capaz también de transmutar todos sus recuerdos y de los pertenecientes a cuantas personas se encuentren involucradas en un determinado hecho.

Se trata de una técnica que puede realizarse en cualquier sitio, y en la que el terapeuta la lleva a cabo de forma personal y sin que dependa de nadie, manteniendo la mente en silencio y centrada en la «limpieza» de los recuerdos.

La adaptación del antiguo Ho'oponopono, practicado en el sistema Huna, al Ho'oponopono de la Identidad Propia realizado por Morrnah, resultó esencial para que esta técnica pudiese ser bien aceptada por la nueva sociedad, se enraizase en ella y se adaptase a las necesidades actuales, constituyendo un método práctico, independiente y eficaz.

8

Ventajas y beneficios del Ho'oponopono

Esta técnica de sanación hawaiana solamente puede comprenderse una vez que se utiliza y se practica. Al principio, resulta difícil entender el hecho de que seamos nosotros los únicos responsables de cuanto nos sucede —a causa de nuestros sentimientos y pensamientos—, sino también responsables de las actitudes y los comportamientos de otras personas e, incluso, de los desastres que pueden acaecer a nivel mundial. Así pues, este es el punto más difícil de la técnica: aceptar la propia responsabilidad por lo que sucede, y no echar la culpa al prójimo.

Cuando se practica esta técnica, sin el deseo de querer controlar los resultados, dejando el ego al margen y recibiendo las respuestas y transformaciones inspiradas por lo divino, la persona percibe el poder de esta práctica y comprende el hecho de que el Ho'oponopono esté adquiriendo, cada día, una mayor difusión.

Además, de acuerdo con lo que dice el psicólogo e investigador de esta técnica Max Freedom Long, no es necesario que para practicarla sea necesario renunciar a nuestras creencias religiosas. Podemos seguir siendo budistas, católicos, reikianos, etc., porque el Ho'oponopono no constituye la verdad absoluta. Existen otras verdades y creencias respetables; sin embargo, podemos añadir esta técnica a nuestras creencias habituales, ya que posee múltiples ventajas y beneficios.

Observemos seguidamente los puntos positivos de esta técnica.

Simplicidad y practicidad

El Ho'oponopono es una técnica sencilla y fácil de practicar. La única cosa que hemos de hacer en esta técnica, a partir del momento en que nos responsabilizamos plenamente de todo cuanto nos sucede, es curar en nosotros lo que nos pueda estar pasando, y que es la causa de que una determinada situación, o un determinado acontecimiento, haya surgido en nuestra vida. Para ello basta con que repitamos las frases: «*Lo siento mucho, Perdóname, Te amo, Gracias*». Esta práctica la realizaremos durante algún tiempo, hasta que sintamos que el tema está resuelto. Podemos repetir las frases el tiempo que queramos, teniendo presente el problema si fuera necesario, hasta que percibamos que la situación se ha resuelto. Así pues, se trata de una técnica que puede realizarse en cualquier sitio y en cualquier momento, sin necesidad de ningún elemento adicional ni de preparativo alguno.

Rompe el tiempo y el espacio

Aunque el Ho'oponopono sea utilizado en el momento presente, al igual que la filosofía Huna que constituye su origen, trabaja tanto el pasado como el futuro. En todo caso esta técnica actúa sobre los recuerdos que se han adquirido a lo largo de la vida, e incluso de vidas pasadas, aportando sus beneficios en nuestra existencia y abriendo nuevos caminos. Así pues, el Ho'oponopono actúa sobre el pasado, el presente y el futuro. Opera de forma multidimensional, ya que la energía trabaja en la cuarta dimensión, que carece de tiempo y de espacio, y aporta beneficios en la tercera dimensión.

Holístico

El término *holístico* procede de la voz griega *holos* que significa «total». De modo que la energía de la técnica del Ho'oponopono actúa sobre la totalidad del ser; es decir, sobre los cuerpos físico, emocional, mental y espiritual.

El doctor Hew Len probó la eficacia de esta técnica sobre la psique, curando a todos los internos de una clínica psiquiátrica con los que trabajó de forma individual.

Fueron muchas las enfermedades físicas que trató y curó la señora Morrnah, tras perfeccionar la técnica Ho'oponopono e introducirla en la sociedad. Un sentimiento puede ser transformado casi instantáneamente por medio de la repetición de las cuatro frases mantras integrantes del Ho'oponopono. Lo importante es aplicar la técnica de forma repetida para cada situación determinada, a fin de que se pueda vaciar la mente abandonando el recuerdo y creando un nuevo espacio para la inspiración. De este modo lo divino podrá actuar sobre cualquier cuerpo que haya de ser tratado, abandonando así los viejos hábitos, los patrones mentales y las emociones que formaban parte de un determinado recuerdo que al ser transmutados crean un espacio para el vacío mental. De esta manera se facilita la conexión con la divinidad, de modo que ella pueda actuar en cualquier nivel de la vida de la persona.

Carece de polaridad y es seguro

Todos los seres humanos poseemos energía *yin* y energía *yang*. La persona puede presentar desequilibrios energéticos en los que predomina un determinado tipo de energía. Alguien que muestra más energía yin puede manifestar una actitud de desánimo, de apatía, de melancolía y depresión. Por el contrario, aquella persona en la que predomina la energía yang puede presentar rasgos de impaciencia, de intolerancia, de irritabilidad, agresividad e hiperactividad. Existen técnicas polarizadas que pueden potenciar el efecto de esos desequilibrios, si bien es posible que tengan un resultado negativo en el caso de que sean empleadas de forma errónea.

En la técnica del Ho'oponopono la persona deja vacía la mente a fin de que de este modo entre en conexión con lo divino y pueda actuar mediante la inspiración, ya se trate del propio practicante o de otra persona que esté recibiendo los beneficios de esta técnica. De este modo la energía canalizada estará de acuerdo con cada situación, dando la respuesta adecuada a la oración que se hizo basada en la fe de una fuerza superior.

Expansión de la conciencia

El método Ho'oponopono de la Identidad Propia, de Morrnah Simeona, consiste fundamentalmente en la utilización de cuatro mantras poderosos que se basan en la energía del reconocimiento, del perdón, del amor y de la gratitud.

Mediante el ejercicio de este método, además de sentir la fuerza que estas palabras mantra ejercen sobre nuestra vida, vamos a percibir en nuestro interior cambios instantáneos de sentimientos y una transformación interior. Y conforme vayamos adquiriendo mayor comprensión de los mantras, percibiremos, asimismo, un aumento significativo de la fuerza existente al repetir las frases: *Lo siento mucho, Perdóname, Te amo, Gracias.* De este modo la persona —nosotros— logra perdonar más, amar más, y agradecer más por todo lo que le acontece en la vida. Con el tiempo, la práctica pasa a ser algo natural y puede utilizarse en cualquier momento.

De acuerdo con mi padre, Johnny De' Carli, algunos de los beneficios de la expansión de la conciencia serían:

> «Despertar nuestra conexión espiritual con el Creador, ampliar nuestros horizontes, expandir la conexión con nuestro Yo superior, aumentar la comprensión de los misterios de la vida, incrementar la sensibilidad, desarrollar el chakra cardíaco, y ampliar la conciencia de amor y la capacidad de ayudar de forma incondicional».

Del mismo modo que utilizamos la expansión de la conciencia en el Reiki, podemos aplicar el mismo concepto en el Ho'oponopono, teniendo en cuenta que ambas técnicas poseen objetivos y consecuencias comunes.

Ho'oponopono es la realización espiritual,
pues te reconoce como la fuente creadora.

No es una religión

El Ho'oponopono es un método original de los chamanes, reformulado por Morrnah, y puesto al servicio de la sociedad con objeto de mejorar los problemas que tiene la Humanidad. Cada día que pasa gana más prestigio y reconocimiento, siendo utilizado incluso en campos muy diversos como, por ejemplo, el ámbito financiero.

Usted no tiene por qué verse obligado a abandonar su religión, o el credo religioso al que pertenezca, para poder practicar Ho'oponopono, pues no existe una verdad absoluta sino, más bien, hechos verdaderos. Lo que yo le sugiero, al igual que lo hace el psicólogo Max Freedom, es que añada esta técnica a su vida sin necesidad de abandonar las prácticas religiosas en las que usted crea. Siga haciendo lo que hace, siempre que ello esté de acuerdo con las leyes divinas, y practique Ho'oponopono. Solamente podrá comprender sus efectos quien lo practique. Le sugiero que lo emplee cuando le surjan pensamientos que no quisiera tener. En esos momentos repita varias veces: *Lo siento mucho. Perdóname. Te amo. Gracias.* Y una vez que haya practicado esta técnica, advierta los cambios que se producen en su interior.

No desgasta al terapeuta

Son muchas las terapias que desgastan al terapeuta, al desprenderse este de parte de su energía vital, la energía *ki*. Ese desgaste continuo del terapeuta, sin una adecuada reposición de su energía, tiende a deteriorar su sistema inmunológico que constituye la defensa natural del cuerpo contra las enfermedades; e, igualmente, puede desequilibrar a la persona emocional, mental y espiritualmente.

Por el contrario, el Ho'oponopono, al igual que el Reiki, no desgasta a quien estuviera haciendo esa técnica para otra persona. El practicante no utiliza su energía vital, sino que entra en conexión con lo divino, y a través de su conexión con el Yo superior transmite su energía al Yo superior de la otra persona, gracias a la Chispa Divina, esa parte de la divinidad que todos poseemos y que nos interconecta a unos con otros, ya que todos formamos parte de un Todo único.

Autotratamiento

La mayor parte de las técnicas curativas no pueden aplicarse en uno mismo. Por el contrario, el Ho'oponopono es susceptible de ser aplicado tanto en la vida de uno como en la de otra persona, ya se trate de un problema físico, emocional, mental o espiritual. La energía divina puede actuar en cualquier circunstancia, ya sea curando o proporcionando inspiración e iluminación a las personas. Tal es el caso de enfermedades y patologías mentales para las que en principio no había curación y en las que se obtuvieron buenos resultados. El Ho'oponopono puede aplicarse también en el quehacer diario, en el trabajo, o para mejorar los negocios y las finanzas. Es una técnica que está indicada en todas estas situaciones, tanto si usted trabaja de forma independiente como si lo hace por cuenta ajena, siempre que el objetivo final esté de acuerdo con los sentimientos de amor, de humildad, de perdón y agradecimiento.

Sin diagnóstico

El Ho'oponopono no exige ningún tipo de diagnóstico patológico para que el tratamiento o transmutación que se piden tenga éxito. Esto se debe a que la energía divina es una energía inteligente. Penetra en el cuerpo del receptor, y a través de los meridianos energéticos y los chakras se dirige hacia la causa o el origen de los desequilibrios o enfermedades existentes.

El diagnóstico profesional es una prerrogativa médica. El terapeuta que practique ilegalmente la Medicina —como es el caso de charlatanes y curanderos— estará incurriendo en serios delitos castigados por el Código Penal. Por tanto, para que un diagnóstico esté avalado profesionalmente y pueda tener éxito es necesario que la persona haya cursado debidamente sus correspondientes estudios de anatomía, fisiología, bioquímica, etc.

No queda obsoleto

En estos momentos me vienen ahora a la mente el primer poema del emperador Meiji escogido por Mikao Usui: «La luna»:

Se produce un profundo cambio
porque mucha gente partió de este mundo
pero la Luna en una noche de otoño
permanece siempre la misma.

El Emperador se refiere a la Luna, ya que esta posee fases de mudanza, de la misma manera que las tenemos cada uno de nosotros y las tienen también las propias civilizaciones. El otoño es una estación de cambios, tanto en el mundo vegetal como en el resto de la evolución planetaria y de los seres humanos. Pero cuando en el poema se dice que la Luna de otoño permanece la misma, quiere afirmar que en aquello que procede de Dios no hay cambios. La energía del Cosmos, de lo Divino, siempre fue y será la misma, aunque las cosas de los hombres cambien. Un ordenador, por ejemplo, por muy desarrollado que sea tecnológicamente, queda obsoleto al cabo de una par de años.

La práctica del Ho'oponopono es milenaria y fue muy utilizada por el pueblo kahuna y por sus chamanes. Pero actualmente está siendo reconocida por toda la Humanidad, ya que hasta hace poco no nos fue revelada.

Beneficia a todo ser vivo

Hay muchas técnicas que no pueden utilizarse en plantas o en animales. Por el contrario, el Ho'oponopono puede emplearse actualmente en todos los ámbitos de la Creación, con todo aquello que forma parte de la vida, incluyendo a las personas y al resto de los seres vivos. Podemos, por consiguiente, utilizar esta técnica en las plantas y en los animales, puesto que su energía es universal y a todos pertenece. Con el Ho'oponopono sucede lo mismo que con el

Reiki, que también actúa a distancia, ya que su energía opera en la cuarta dimensión y en ella no rige el tiempo ni el espacio.

Complemento

El Ho'oponopono puede emplearse tanto de forma aislada como combinado terapéuticamente con otras técnicas convencionales de la Medicina, o incluso con otras terapias alternativas. Teniendo en cuenta que no existe polaridad en este método no interferirá en ninguna otra técnica, sino que por el contrario canalizará al mismo tiempo la energía divina para actuar sobre una determina enfermedad o situación conflictiva.

Ejercicio práctico

√ Recójase en un lugar tranquilo.
√ Serene su mente y respire profunda y lentamente.
√ Haga su oración y repita el mantra.

9

Los tres «Yoes»

Ahora voy a tocar uno de los temas que considero de los más importantes de este libro. Se trata de los «Tres Yoes», de los que presentaré un diagrama que muestra de forma adecuada cómo se produce la transmutación de la energía en el Ho'oponopono. Pero antes quisiera que usted se uniera a mis conexiones mentales, hasta que accedamos juntos al punto de los «Tres Yoes».

En el libro *O homem e a sociedade. Uma introdução à sociología (El hombre y la sociedad, una introducción a la sociología)*, de la profesora María B.L. della Torre, se establecen comparaciones muy interesantes del comportamiento entre los hombres y los animales en la sociedad.

Si usted observa el comportamiento de un cachorro nacido y criado en Brasil con el de otro nacido y criado en Japón; por ejemplo, observará que ambos, si lo desean, consiguen comunicarse. Lo mismo sucede con los pájaros y otros animales que pertenezcan a la misma especie.

Por otro lado, usted, nacido en un determinado país, tendrá dificultades para comunicarse con otro ser humano de distinta nacionalidad a no ser que tenga conocimiento de su idioma. Al analizar estas informaciones, observamos que el ser humano es el único capaz de estudiar y desenvolverse en cualquier tema que desee, al tiempo que es el ser más desarrollado intelectualmente de cuantos pueblan nuestro planeta Tierra. Pero, a pesar de eso, es al mismo tiempo el ser más dependiente del resto de sus congéneres. Como suelo decir: «¿Qué sería de un ingeniero civil si no existieran los obreros?».

Nosotros, los seres humanos, dependemos unos de otros para sobrevivir. Tenemos necesidad de ingenieros, de obreros, de médicos, profesores, investigadores y profesionales de todo género. Ahora bien, mi personalidad y la suya serían diferentes si ambos hubiéramos nacido en países distintos. De este modo podemos apreciar el grado en que nos influencia nuestra cultura y, sobre todo, la influencia de aquellos que están más próximos a nosotros, como puede ser el caso de la propia familia. Y de la misma forma que la familia influencia en su carácter, los acontecimientos que ocurren en su entorno, en el discurrir del tiempo a lo largo de su vida también quedan enraizados en su memoria subconsciente.

Todo ello hace que usted tenga un determinado patrón de comportamiento, y una concreta reacción ante una determinada situación vital. Porque es un hecho que personas distintas reaccionarán de forma diferente ante una misma situación. Una situación que puede estresar notablemente a una determinada persona puede resultar casi insignificante para otra que la resuelve sin mayor dificultad. Todo depende de los recuerdos inconscientes que tenga cada ser humano. Ahora bien, llegados a este punto podemos preguntarnos: ¿Y todo eso que tiene que ver con el Ho'oponopono?

Este es el punto al que quería llegar: Mostrar esencialmente la personalidad de cada uno, y el hecho de que todos poseemos patrones de pensamiento y de comportamiento que forman parte de nuestra memoria.

El Ho'oponopono defiende la teoría de que necesitamos limpiar nuestros recuerdos, transmutándolos para poder entrar en contacto con lo divino a través del vacío. Y este vacío puede cambiar su forma de interpretar la vida; puede mostrar soluciones para aquello que parecía no tener salida. Y puesto que todo en la vida es mudable, puede presentarle una forma de actuación para que usted encuentre la solución más adecuada, más sabia y más equilibrada que le pueda abrir las puertas a algo nuevo, a algo que llegue a transformar su vida.

Si la persona permanece atada a sus creencias, inflexible a nuevas ideas o cambios, encontrará más dificultades a lo largo de su vida, pues esta ya está estructurada y posee la respuesta a su forma de ser para cualesquiera situaciones; de este modo el individuo no consigue establecer cambios en el resultado de sus acciones porque los factores que conforman su vida ya se hallan predeterminados. Es por ello que en ocasiones nos encontramos con personas que desde hace muchos años están buscando la felicidad y siguen reclamándola sin que nada cambie en ellos, de forma que cada día que transcurre la tristeza sigue aumentando. Es preciso dejar un espacio vacío para que las cosas nuevas, los nuevos aprendizajes y formas de pensar entren a formar parte de nuestras vidas. Porque será entonces cuando se producirá la transformación. Permita que eso ocurra.

Y ahora retomaremos el tema de los «Tres Yoes» para ver cómo el Ho'oponopono nos explica esta teoría que ya vivía Osho y que explicaba con una frase: *El maestro es un espejo vacío.*

Estamos formados por «Tres Yoes». El Yo básico, o Unihipili, también llamado «mente subconsciente», es el nivel en el que se encuentran todos los recuerdos que han pasado a lo largo de nuestra vida, e incluso de vidas pasadas; este yo sería nuestro inconsciente.

El Yo medio, o Uhane, también llamado «mente consciente», corresponde a nuestro ego consciente que desea mantener el control. Y finalmente está nuestro Yo superior, o Aumakua, que corresponde a nuestra mente superconsciente, que es la Chispa Divina. Entrar en contacto con *Aumakua* es restablecer el *religare*, palabra que procede del latín y que significa «ligar nuevamente», o sea, establecer de nuevo esta conexión y entrar en contacto con la propia esencia. Por encima del Yo superior tenemos la Fuente Divina, o infinito, también llamado Inteligencia Divina por el doctor Hew Len. Estos son los cuatro componentes del Ho'oponopono de la Identidad Propia, el método desarrollado por Morrnah Simeona.

En principio se consideran los cuatro elementos del Ho'oponopono de la Identidad Propia como el estado inicial de lo vacuo, o sea «el vacío», ya que esta es la esencia de la creación divina, puesto que todo lo que los científicos saben es que antes de la explosión del Big

Bang no había tiempo ni espacio y que resulta difícil afirmar siquiera si existía algo.

El big bang era una inmensa masa compactada a altas temperaturas que finalmente explosionó; esa fue la «gran explosión», el Big Bang. Y a partir de ahí el Universo se fue expandiendo, las partículas fueron enfriándose y formando las estrellas y las galaxias. Se sabe que esta expansión continúa y que las galaxias siguen alejándose unas de otras. Siendo esto así, se afirma, y se da por cierto, que el Universo procede del vacío. El vacío es, pues el punto de partida de todo el Cosmos. También se denomina este vacío —«estado vacuo» o «estado cero», según el doctor Hew Len—, al estado que antecede a la infusión de una inspiración procedente de la Fuente Divina en la mente subconsciente.

Trate, pues, de vaciar su mente cuando intente buscar una respuesta a algún problema, y extraiga sus propias conclusiones.

Cuando los recuerdos están activos se altera este vacío impidiendo que se produzca un estado de inspiración. Como dice la precursora del Ho'oponopono de la Identidad Propia, Morrnah Nalamaku Simeona: «*Apaguen y limpien su mente y encuentren su propio Shangri-La. ¿Dónde? Dentro de ustedes mismos*». En el mundo occidental se denomina Shangri-La a un oculto y misterioso paraíso terrestre. Pero también puede aplicarse ese nombre a una forma de armonía, de paz y felicidad, cualidades todas ellas que se encuentran en nuestro interior y que muchos se pasan la vida buscando sin saber que tal estado ya nos pertenece.

Los diagramas que a continuación exponemos fueron establecidos basándose en los ya creados por el doctor Hew Len y por Joe Vitale, y que figuran en el libro *Límite cero.* El primero de estos diagramas representa a los tres Yoes en un estado vacuo, de vacío.

Los cuatro niveles del Ho'oponopono de la Identidad Propia (Unihipili, Uhane, Aumakua y la Fuente Divina) trabajan conjuntamente en forma de una unidad, poseyendo cada uno de los elementos una función y un papel únicos y esenciales en la solución de las memorias, o recuerdos, que se encuentran y se repiten en la Mente Subconsciente *(Unihipili)*. La Mente Superconsciente *(Aumakua)* no se ve influenciada por Unihipili, ya que está unida a la Fuente Divina; de este modo, cuando una de ellas se mueve la otra la acompaña.

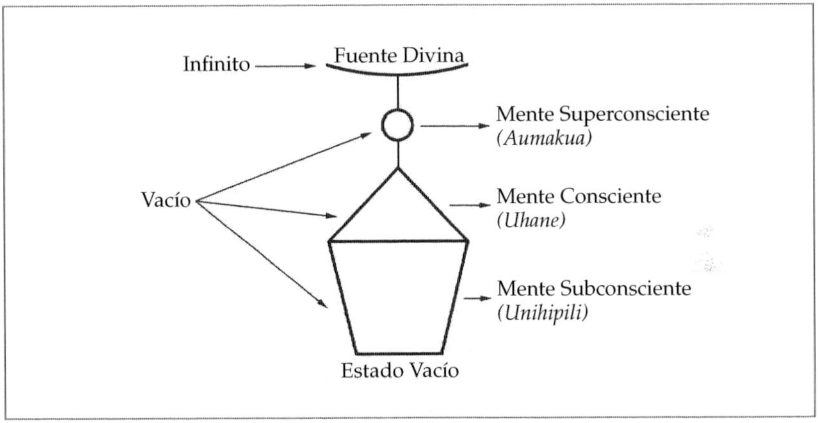

Diagrama I: Representación de los tres Yoes en el estado de vacío.

Los seres humanos actuamos solamente de dos formas: o bien obramos de acuerdo con nuestros recuerdos y memorias, o bien actuamos por inspiración. Solamente una de estas dos formas puede actuar sobre la Mente Subconsciente en un determinado momento. Y aunque los recuerdos activos puedan alterar el contenido del vacío no logran destruirlo, ya que es imposible destruir el vacío. Por ello al transmutar un recuerdo, la energía contenida en él se encuentra en una nueva forma, dando lugar a lo vacuo, al vacío, a la nada.

El segundo diagrama representa el esquema de las operaciones de la Identidad Propia actuando ya sea por el estado de inspiración o por la repetición del estado de recuerdos.

Tengamos en cuenta que la Mente Consciente, Uhane, tiene dos formas de actuación: puede decidir entre iniciar el proceso de Ho'oponopono transmutando los recuerdos, o puede obrar de acuerdo con estos obrando a través de los pensamientos, presentando acciones premoldeadas por el carácter, o culpabilizando.

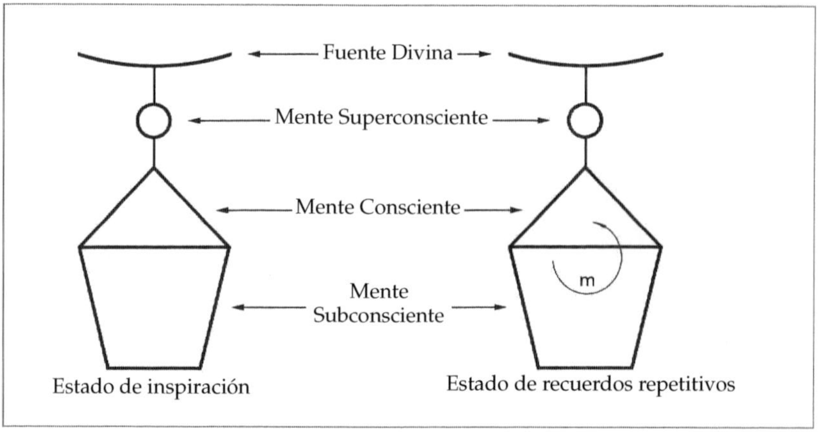

Diagrama II: Representación de los tres Yoes en estado de inspiración/estado de recuerdos repetitivos.

Si usted decide practicar el Ho'oponopono, le explicaré seguidamente cómo se da este proceso de transmutación e inspiración. Observe este tercer diagrama:

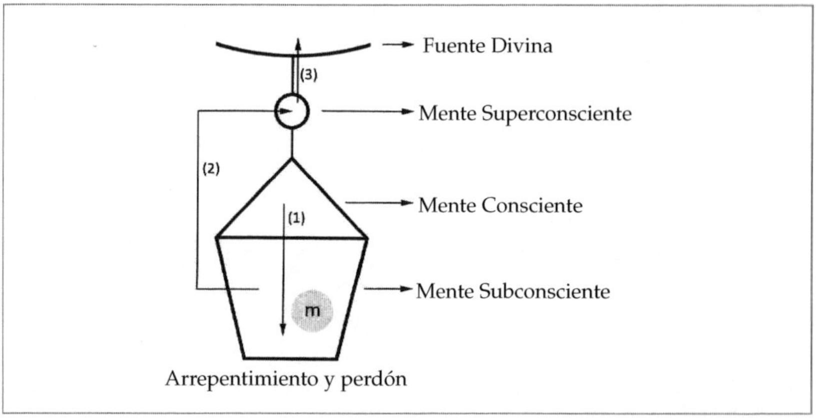

Diagrama III: Representación del Ho'oponopono de la Identidad Propia solucionando problemas.

El primer paso es que usted manifieste su deseo, ya que así se iniciará el proceso de la técnica. Esto quiere decir que usted entra en contacto con Aumakua (Mente Superconsciente), pidiendo que ella transmute la energía de ese determinado recuerdo. Aumakua reconoce entonces que su Mente Inconsciente (Unihipili) es plenamente responsable de dicho recuerdo.

De este modo su petición parte de la Mente Consciente (Uhane) dirigiéndose hacia la Mente Inconsciente (Unihipili), despertando así los recuerdos que desean ser transmutados. De la Mente Inconsciente (Unihipili) el recuerdo se dirige a la Mente Superconsciente (Aumakua) que estudia su petición en busca de una solución, una vez que ya está unida a la Fuente Divina y se encuentra en perfecta sintonía con ella.

La Fuente Divina recibe la información, como si revisase la acción de la Mente Superconsciente, y devuelve la respuesta ya transmutada a la Mente Superconsciente, la cual la traslada a la Mente Consciente. Así es como usted obtendrá respuestas y soluciones que al llegar a la Mente Subconsciente neutralizan los recuerdos, los cuales se integran en el vacío debido a que la energía ha sido debidamente transmutada por la Fuente Divina. En el diagrama siguiente se ve esta neutralización del recuerdo.

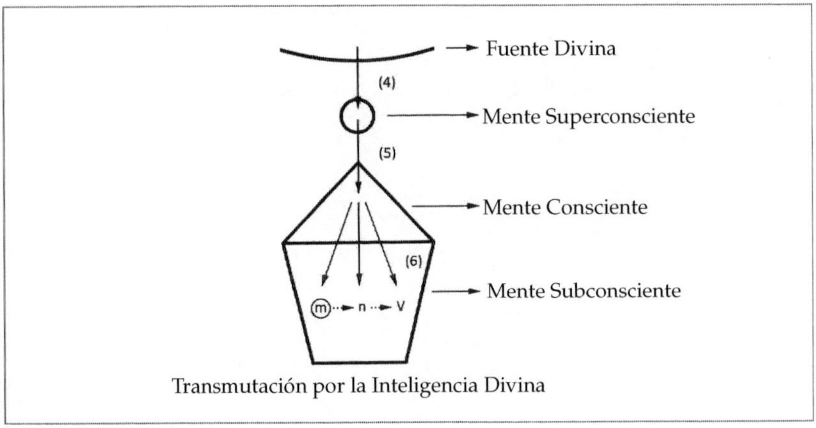

Diagrama IV: El Ho'oponopono de la Identidad Propia (Solucionando problemas).

Digamos ahora algo para que su mente consciente no se deje poseer por los recuerdos. Permítase cambiar de hábitos, de forma de comer, de andar, de hablar, y ábrase a lo nuevo, ábrase a la inspiración. Cuando se vea en alguna situación difícil, procure no juzgar ni preocuparse; por el contrario, vacíe su mente.

Si usted se entrega a hacer juicios, el Ho'oponopono no funcionará porque el Ho'oponopono es energía y cualquier tipo de bloqueo puede detener un flujo energético.

Ejercicio práctico

√ Vaya a su lugar de silencio.
√ Aquiete su mente y respire profunda y lentamente.
√ Haga su oración y repita el mantra.
√ Si anteriormente ha conseguido algún resultado, sea consciente de ello y agradézcalo.
√ Concéntrese en otra petición.

10

Las siete dimensiones espirituales

La palabra *dimensión* procede de la voz latina *mensio*, que significa «medida». Por su parte, el siete es un número muy significativo en la organización del Universo. En la Biblia se dice que el mundo fue creado en siete días; siete días tiene la semana, siete son las notas musicales, siete colores tiene el arcoíris y siete son las capas atómicas. Las dimensiones se encuentran unas dentro de otras, como sucede con las muñecas rusas, las matrioskas.

Figura: Matryoskas

Los niveles dimensionales constituyen valores diferentes de amplitud o longitud, de onda. Para pasar de una dimensión a otra hay que sintonizar con su correspondiente situación que se halla sencillamente en la anchura de su onda básica. Y de la misma manera que al cambiar de estación de radio encontramos una nueva frecuencia, una nueva anchura de onda, si fuéramos capaces de cambiar la amplitud de onda de nuestra conciencia también modificaríamos los patrones de nuestro cuerpo y desapareceríamos de esta dimensión para reaparecer en otra con la cual estuviéramos en sintonía.

Resulta difícil tener una idea clara de las dimensiones de onda, porque estamos hablando de algo que escapa a nuestra comprensión. Y si bien las personas videntes y clarividentes tienen acceso a algunas dimensiones, tampoco ellos pueden acceder a toda la información. Es un hecho evidente que la dimensión superior tiene conciencia de aquellas otras que se encuentran por debajo de ella; del mismo modo que nosotros, que vivimos en la tercera dimensión, podemos entender sin dificultad la primera y la segunda dimensión.

La primera dimensión está relacionada con la longitud, y en ella se encuentran los animales que se arrastran por el suelo, tales como las babosas, los gusanos y otros seres semejantes. Estos animales unidimensionales no poseen sentimientos ni conciencia, solamente albergan sensaciones como el calor, el frío y otras necesidades primarias sin capacidad para generar conceptos.

La segunda dimensión tiene que ver con la anchura, y en ella se encuentran animales como los gatos, perros, etc. En el caso de los gatos, y a pesar de ser animales bidimensionales, poseen conciencia —o más bien, instinto— de las dimensiones superiores. Los animales bidimensionales poseen diferentes grados evolutivos. Además de ser portadores de sensaciones, son capaces de comunicarse por medio de los cinco sentidos.

La tercera dimensión pertenece a nuestro mundo físico, tridimensional, el mundo de los seres humanos. En nuestro caso, y además de comunicarnos por sensaciones y por medio de los cinco sentidos, también podemos establecer y comunicarnos a través de ideas y de conceptos.

Sabemos que la cuarta dimensión es la dimensión espacio-temporal, si bien sabemos también que el espacio y el tiempo son medidas relativas según nos dice Albert Einstein, ya que ambas carecen de entidad. Es en esta dimensión en la que se crean las formas mentales y en la que también se dan fenómenos como la telepatía, algunas de cuyas manifestaciones nos resultan familiares; como sucede cuando pensamos en alguien que, en ese mismo instante, también está pensando y se siente unido mentalmente a nosotros.

A esta cuarta dimensión también pertenece el llamado «mundo etérico», en el que se halla nuestro cuerpo vital, más conocido como «aura». Se divide en dos regiones: la inferior, en la que se encuentran elementos negativos, y la superior, positiva, en donde se hallan los elementos de la Naturaleza.

La quinta dimensión está relacionada con la eternidad, y se divide en dos mundos: el astral y el mental. El ego no logra acceder a esta dimensión; por tal razón, para tener conciencia y dominio de esta dimensión es necesario trascender el ego. Realizamos el paso de la tercera a la quinta dimensión a través de pensamientos, palabras y percepciones.

El lado positivo del ego es que, a partir de él,
se crean las identidades de las personas,
generándose así las distintas personalidades.
Si son diferentes no están unificadas en el Uno,
y permanecen en la tercera dimensión.

A la sexta dimensión se la conoce también como dimensión Causal. En ella encontramos el origen del cuerpo y del mundo causal, y es también aquí en donde hallamos nuestra esencia.

La séptima dimensión es el universo absoluto. Es la dimensión que circunda a todas las demás.

Lo importante es ver que todas las dimensiones forman parte de un Todo. Y que todos juntos manifestamos la realidad. Es por ello que en el Ho'oponopono asumimos toda la responsabilidad de los pensamientos y de las acciones, tanto de las propias como de las ajenas; pues solamente de esta forma conseguiremos acceder al nivel de conciencia necesario para la práctica y la eficacia del método. El Ho'oponopono es una técnica que actúa en otras dimensiones que escapan a nuestro entendimiento. A partir del momento en que admitimos la responsabilidad por todo, encontramos la paz interior que se refleja en nuestro entorno. El problema se encuentra en nosotros; y al cambiar nuestra actitud podemos también modificar la del prójimo.

He decidido hablar un poco sobre las dimensiones ya que la primera vez que asistí a un seminario de Ho'oponopono no logré entender totalmente su técnica. Aprendí que yo debería tomar como punto de partida mi propia responsabilidad por todo, y que el prójimo no existía, ya que la otra persona era un reflejo mío. No se me dijo nada acerca de las dimensiones, pero en todo momento me venía a la mente que todo estaba interrelacionado (tercera dimensión), que todos somos Uno (quinta, sexta y séptima dimensiones) y que, por consiguiente, era posible curar al otro, o a una situación, con palabras y oraciones de luz (cuarta dimensión). En un segundo estadio, en el que busqué profundizar más en la técnica, aprendí una simple metáfora que me proporcionó una mejor visión de las dimensiones.

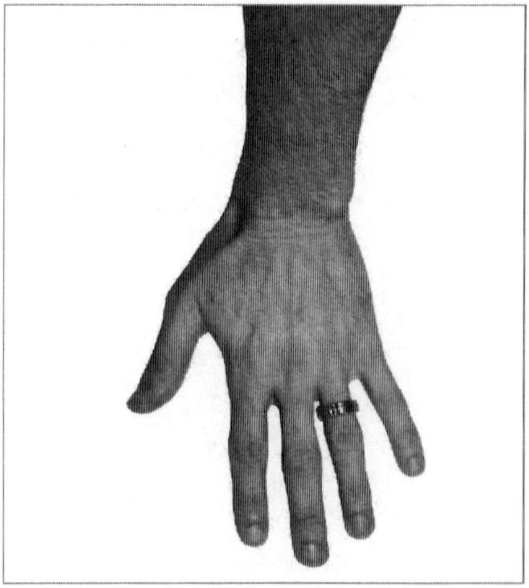

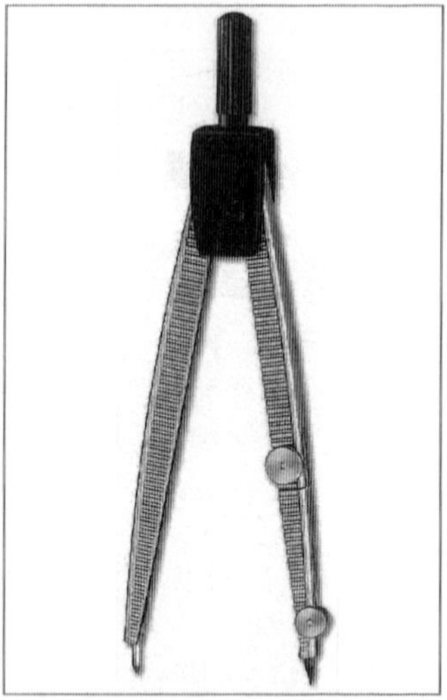

Comparemos algunas dimensiones con la mano. Los dedos constituyen la tercera dimensión y representan a la sociedad; el dorso de la mano es la cuarta dimensión, en donde se encuentran nuestros pensamientos que establecen un puente hacia la quinta dimensión; y, a partir de ella, ya nos encontramos formando parte de Un Todo. También podemos comparar esta visión de las dimensiones con un compás, en el que sus puntas constituirían la tercera dimensión, uniéndose en un punto de su parte superior.

Poseemos siete cuerpos: físico, emocional, mental, espiritual, patrón etérico, causal y celestial. Se percibe que están ligados a sus correspondientes dimensiones, de la misma forma que lo están los chakras.

La primera dimensión, que corresponde al cuerpo físico, posee únicamente la materia, como sucede en el caso de las babosas. La segunda dimensión, que ya corresponde al cuerpo emocional, es capaz de poseer emociones, como sucede con un perro. La tercera dimensión corresponde al cuerpo mental, es decir, al ser humano que ya se puede comunicar mediante conceptos e ideas. La cuarta dimensión corresponde al cuerpo espiritual, en el que se encuentran las palabras y los pensamientos que constituyen nuestra aura, nuestra energía vital. La quinta dimensión, relacionada con el quinto cuerpo, o patrón etérico, nos remite a la eternidad en la que comenzamos a unificarnos con el Todo. La sexta dimensión se refiere al cuerpo causal, en el que encontramos nuestra esencia, nuestra causa. La séptima dimensión está relacionada con el cuerpo celestial, en el que somos Todo Uno.

Al estudiar a Osho me di cuenta de que él establece algunas nomenclaturas diferentes, pero la explicación es idéntica, pues todo es la misma cosa y solamente cambia la forma de nominarla.

Cuando Osho habla de los chakras[1] y de los siete cuerpos deja claro que cada chakra posee su lado de luz y su lado de sombra, y que

---

1. Los *chakras* son centros energéticos del cuerpo humano. La palabra *chakra* procede del sánscrito y significa «rueda», «disco», «centro» o «plexo». En tal sentido son percibidos por los videntes como vórtices (remolinos) de energía vital, espirales girando a muy alta velocidad y vibrando en puntos vitales de nuestro cuerpo. Los chakras son puntos de intersección entre varios planos, y a través de ellos nuestro cuerpo etérico se manifiesta más intensamente en el cuerpo físico. *(N. de la Autora.)*

es necesario que aprendamos a utilizarlo de la mejor manera posible, trascendiéndolo. Esto no quiere decir que una persona iluminada no pueda tener una reacción agresiva, al activar su chakra básico en determinado momento. Si, por ejemplo, una persona de su familia estuviera corriendo un peligro al poder ser atacado por un animal salvaje o por un criminal, esa persona utilizará las potencialidades del chakra básico de supervivencia y de los reflejos, e incluso de la agresividad, si fuera preciso, sin que eso la convierta en una mala persona.

Una persona que hubiera trascendido el ego habrá alcanzado su quinto cuerpo. Al entrar en un estado de meditación en el que la kundalini se despierta conectando todos los chakras, al pasar por el quinto, al que solo se accede cuando se ha trascendido el ego, la persona comienza a escuchar la sílaba sagrada «Om», el sonido del Universo.

Cuanto más ascienda la kundalini[2], más alto y nítido se podrá escuchar ese sonido al pasar por el sexto y séptimo chakra. Al desarrollar y superar este séptimo chakra, la persona se conecta con el universo alcanzando el nirvana, la Iluminación. Creo haber dejado más claro este proceso al decir que a partir del quinto chakra comienza a producirse la unión del ser con el Todo.

Considero que ahora puede quedar más aclarada la funcionalidad del Ho'oponopono, pues si bien nos resulta imposible poseer la res-

---

2. *Kundalini*: Es el primer chakra, denominado en Occidente «chakra base» o «chakra raíz». Es el responsable de mantener el flujo energético ascendente de la tierra al cuerpo. En el plano emocional conecta a la persona con el mundo presente, siendo el responsable de que se pueda tener un buen ánimo. Este chakra también ejerce una fuerte influencia sobre los demás, «bombeando» la energía de la tierra *(telúrica)* hacia el resto de los centros de energía. En los pies se encuentran los chakras secundarios, o «plantares», que están directamente relacionados con el chakra Raíz, y que son los responsables del cambio energético correcto entre el cuerpo y la tierra. La energía telúrica, absorbida por esos tres chakras, al ser modificada por el chakra Raíz en su camino ascendente a través de los demás chakras recibe el nombre de Kundalini. Las técnicas orientales y las descripciones herméticas relatan el flujo de esa energía utilizando la expresión «fuego serpentino», que describe su ascensión a través de los nadis. *(N. de la Autora.)*

puesta a todos los misterios, lo que ya fue desvelado puede hacernos un poco más conscientes no solamente de esta técnica, sino también de nuestro universo en general.

11

Concienciación para la práctica

Vamos a intentar comprender algunas cosas antes de poner en práctica los nuevos conceptos.

Somos campos vibratorios hechos de informaciones que se configuraron para nosotros en la tercera dimensión, como un desdoblamiento de dimensiones que se encuentran una dentro de la otra (recordemos la metáfora de las muñecas rusas, las *matrioskas*). Cada una de ellas tiene una visión de la realidad, y a partir de eso conforma la suya propia. Es posible que existan transferencias entre los campos vibratorios, y partiendo de ese principio podemos formularnos la siguiente pregunta: ¿fui yo quien creó esta situación, o fui yo quien la atrajo?

Pero entonces, ¿en dónde encaja el libre albedrío de la persona? Para el Ho'oponopono el libre albedrío carece de influencia, pues se considera que, en realidad, todo es una manifestación del subconsciente, un reflejo interior. Todo cuanto se encuentra afuera es un reflejo de lo que está adentro. Cuando se da una opinión, esta es una consecuencia de toda la información subconsciente, de la memoria de la persona, ya que es el subconsciente el que proporciona el sistema de creencias al consciente, por más que haya sido la persona la que ha generado o atraído la situación. El libre albedrío es el que puede interrumpir una inspiración. Según manifiesta Jeffrey Schwartz en su libro *The Mind and the Brain (Mente y cerebro)*, nuestro libre albedrío es nuestra voluntad consciente que puede cancelar un impulso originado en el inconsciente; es decir, que se encuentra después del impulso y antes de actuar.

En relación con el rechazo, por ejemplo, al hablar de esa persona que a usted no le agrada, es muy posible que ella posea características semejantes a las suyas, pero que al encontrarse en la sombra, tanto en un caso como en el otro, no llegan a ser identificadas, lo que justifica que impidan la conexión entre ambas. Lo mismo sucede con ese ídolo —o con esa imagen— que posee rasgos semejantes a los de la persona que se proyecta en él. Aquellos individuos que sean conscientes de este proceso pueden comprenderlo fácilmente. Detrás del monstruo hay una sombra, y cuando se cae la máscara, la visión que usted tenía de él experimenta un cambio.

En el fondo todo cuanto rechazamos regresa en forma de sombra; porque el rechazo interrumpe el flujo energético, lo que hace que la energía se paralice y se cree un nudo energético. En este sentido es posible que al rechazar a esa persona que no le agrada se vea obligado a tener más contacto con ella «por una ironía del destino». Y si no se tratara de esa determinada persona podrá ser otra que tenga las mismas características; en el fondo, usted estará enfrentándose a una sombra que se encuentra en su propio interior.

La única forma de liberarse de ese sentimiento negativo o de esa relación problemática que nos persigue es enfrentarse a ella y mirarla con otros ojos; liberando y transmutando esta energía mediante el perdón y el amor. Solamente el amor libera.

Muchas veces no entendemos el problema que vivimos porque no lo verbalizamos. Las personas que hicieron psicoterapia probablemente ya se hayan dado cuenta de ello. Y, como sabemos, el problema es la clave para el Ho'oponopono, y la oportunidad para deshacerlo, para poder transmutarlo. Es necesario que entonces concretemos el problema en una frase, delimitándolo. Cuanto más específica y sincera sea esa frase, mejor, porque habrá más oportunidades de conseguir la respuesta que usted desea; una respuesta que llegará a través del supraconsciente o de cualquier otra parte de nuestro ser que hable con las demás.

El poder de *Lo siento mucho, Perdóname, Te amo, Gracias*

El problema existe porque ya hubo un mal pensamiento o una mala actitud previos; o porque la persona captó pensamientos de campos magnéticos ajenos. El campo cuántico es proporcional al nivel de conciencia que uno tenga. Los pensamientos pueden estar impregnados de memorias dolorosas de personas, lugares o cosas, independientemente o no de la causa del problema; pero este punto no es necesario para la conclusión de la técnica, ya que lo fundamental es definir el problema.

Una vez que el problema ha sido definido, lo primero es hacer una oración, inspirándose e invocando al Universo. Seguidamente es preciso asumir el problema, ya sea realizando un Ho'oponopono individual o en grupo, y después arrepentirse de ese problema generado. El pedir perdón ya constituye una aceptación del problema que será necesario transmutar con la energía liberadora, con la energía del amor. El doctor Hew Len desarrolló una forma sencilla para realizar todo este proceso mediante la combinación de las frases: «*Lo siento mucho-Perdóname-Te amo-Gracias*».

Esta secuencia representa frases claves para la comunicación directa con el Yo básico.

Cuando decimos «Lo siento mucho», estamos asumiendo la responsabilidad del problema en nosotros mismos. Al decir «Perdóname», estamos aceptando el problema, y aunque no estemos necesariamente de acuerdo con él lo aceptamos reconociendo que se produjo con sus debidas razones, pero que tal situación ya no nos afecta, o que ya no constituye un patrón de pensamiento necesario en nuestra vida. Al descubrir el problema se va disolviendo el dolor, pues este solamente puede ser transmutado cuando es reconocido.

Cuando nos decimos «Te amo» estamos transmutando la energía bloqueada, que constituye el nudo energético que causa el problema, y la estamos liberando. El amor eleva la baja autoestima, elevando al mismo tiempo el patrón vibratorio (la sensación de impotencia reduce este patrón), y el Religare, que constituye la conexión con la esencia divina. Al decir «Gracias» estamos manifestando gratitud, estamos expresando nuestro agradecimiento por sentir realizado nuestro deseo; es el reconocimiento por la bendición que devuelve esa energía a todo, ya que a partir de la quinta dimensión todos somos Uno. Y al ser todos Uno purificamos en nosotros mismos el problema existente.

Ejercicio práctico

√ Recójase en su lugar de retiro.
√ Serénese y respire profunda y lentamente.
√ Haga su oración y repita el mantra.
√ Perciba que ya se encuentra más consciente del proceso.
√ Fije la intención que se propone.

12

Primera práctica: Respiración *Ha*

Ha significa «Divino», o sea, que la respiración *ha* sería una respiración divina. En Hawai significa «El soplo y el agua de lo divino». Por medio de la respiración *ha* se consigue producir *mana*. Se trata de una respiración profunda y lenta en la que inspiramos, retenemos el aire, expiramos y retenemos el aire nuevamente. Hacemos una respiración profunda por la nariz, el aire pasa por todas las glándulas y llega al chakra básico, equilibrando e igualando todo el campo. En esta respiración es importante espirar también por la nariz, a fin de que pueda cerrarse el ciclo respiratorio.

Veamos a continuación las glándulas con sus correspondientes chakras:

- Chakra básico: Suprarrenales.
- Chakra umbilical: Gónadas, glándulas sexuales femeninas y masculinas (ovarios y testículos).
- Chakra del plexo solar: Pancreáticas.
- Chakra cardíaco: Timo.
- Chakra laríngeo: Tiroides y Paratiroides.
- Chakra frontal: Pituitaria.
- Chakra coronario: Glándula pineal o epífisis.

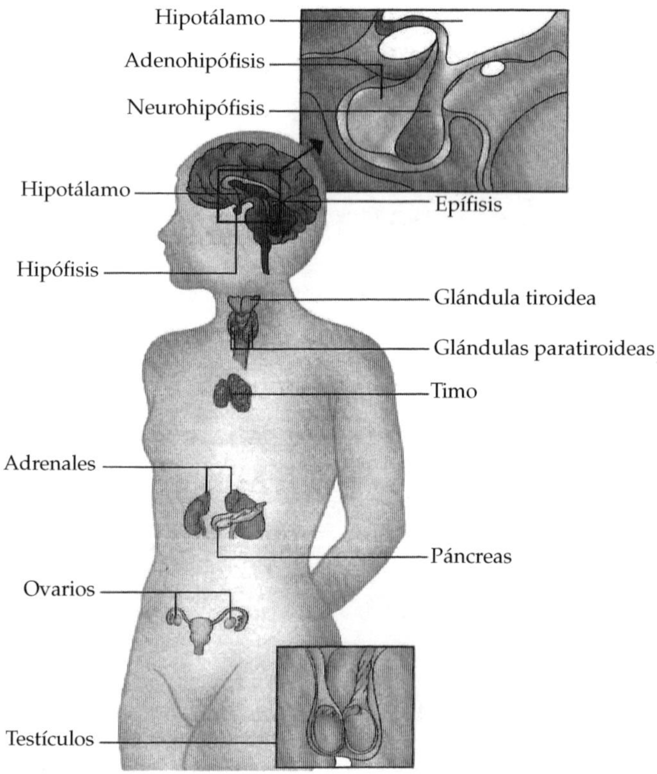

Puede empezar a ejercitarse practicando la Respiración-Ha, puesto que se trata de una respiración sencilla y eficaz, que le será útil para llevar a cabo convenientemente la técnica, ya que sirve para cancelar memorias. Esta respiración puede contribuir a la curación de estados depresivos.

Tras decir o pensar la oración o su petición, inspire repitiendo mentalmente las cuatro frases: «Lo siento mucho», «Perdóname», «Te amo», «Gracias» en cuatro tiempos. Mantenga la respiración durante cuatro segundos y expire en cuatro tiempos, repitiendo nuevamente las frases y conteniendo la respiración durante cuatro segundos. Inspire nuevamente y comience otra vez el proceso. Repita el procedimiento diez veces.

Resumiendo:

- Profunda y lentamente
- Inspirar + cuatro frases
- Retener el aire cuatro tiempos
- Expirar + cuatro fases
- Retener el aire cuatro tiempos
- *Ha* (A mí particularmente me gusta soltar todo el aire con el sonido Ha)

Existe una segunda posibilidad de realizar la Respiración *Ha*. Haga con las manos el procedimiento descrito en las imágenes que se muestran a continuación, formando con los dedos el símbolo del infinito. El dedo pulgar es lo divino, el dedo índice es el que nos

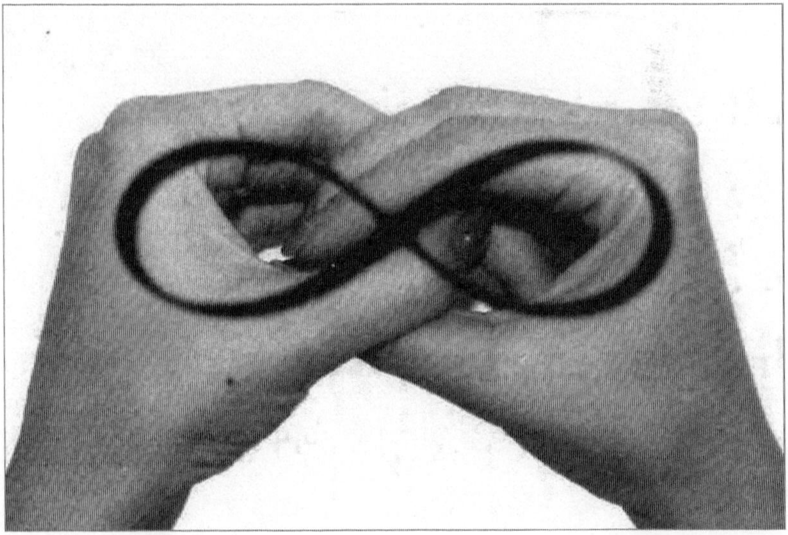

representa y el dedo medio, que se introduce ahora, representa al mundo político, de modo que durante la respiración realicemos una limpieza de estos.

Procedimiento correcto

A.

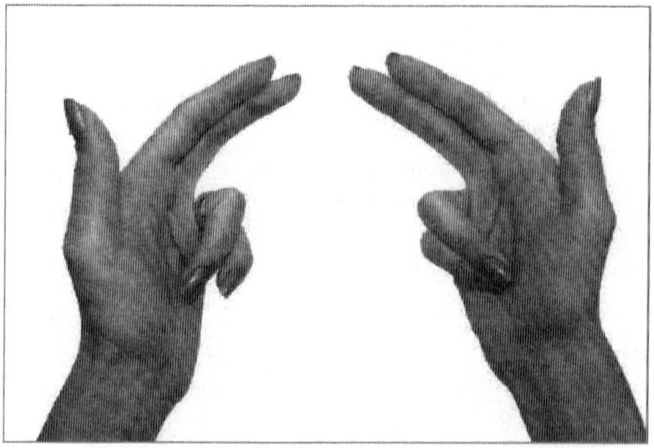

B.

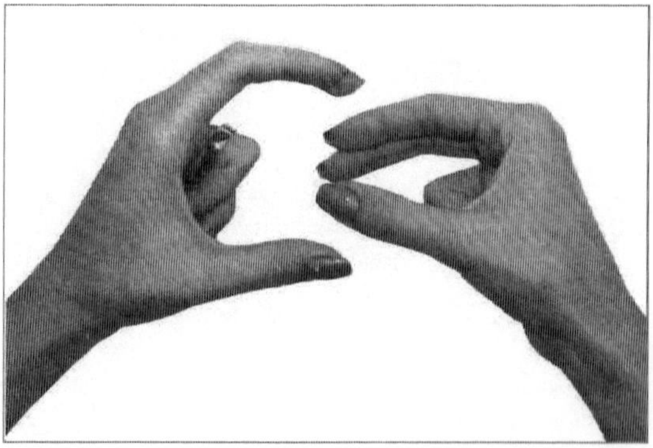

C.

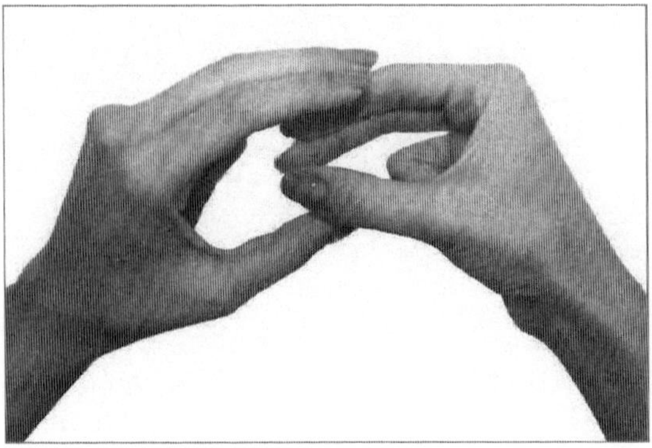

D.

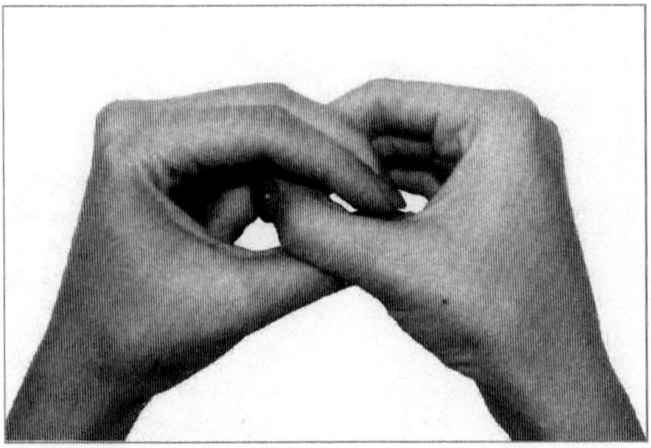

Cuando advierta que su respiración y su cuenta se le hacen más fáciles, puede ir aumentando progresivamente el tiempo de la inspiración y de la expiración, con sus correspondientes retenciones de aire, hasta contar siete en cada ciclo. Es importante, sin embargo, no forzar la respiración para que no se produzca una hiperventilación, lo que produciría malestar.

Ejercicio práctico

√ Recójase en su lugar de retiro.
√ Serénese y respire profunda y lentamente.
√ Haga su oración y repita el mantra.
√ Practique la respiración-Ha tras hacer su petición.

13

Oraciones

Las oraciones que seguidamente se mencionan pueden hacerse tanto si se practica seguidamente la Respiración-Ha, como si se dicen las cuatro frases: *«Lo siento mucho-Perdóname-Te amo-Gracias»*. Tanto un procedimiento como el otro tienen mucha fuerza. La Respiración-Ha resulta excelente para producir mana. En relación con las frases del doctor Hew Len se convierten en un mantra dentro del proceso, ya que en él se expresa la aceptación, el perdón, la transmutación y el agradecimiento. Es por este motivo que se han unido las dos técnicas en una, como ya fue explicado en el capítulo anterior, siendo esta una de las opciones de la técnica.

A continuación menciono cuatro oraciones que pueden ayudarle a concretar su problema en el rezo.

Primera Oración:

Relaciones

Divino Creador, padre, madre, hijo en UNO...
Si yo, mi familia, mis parientes y ancestros
te ofendieron (mencionar el nombre de alguien), para su familia,
parientes y antepasados en pensamientos, palabras,
y acciones desde el inicio de nuestra creación hasta el presente,
pedimos tu perdón...

Permita esto limpiar, purificar, liberar y cortar todos los recuerdos,
bloqueos, energías y vibraciones negativas
cambiando estas energías indeseables en pura luz...
Y que así sea hecho.

Esta oración fue creada por Morrnah Simeona «guardiana del secreto». Está indicada en cualquier tipo de relaciones. En la primera frase de esta oración la palabra «padre» quiere decir Aumakua; «madre» significa Uhane, e «hijo en Uno» significa Unihipili. La frase «Sea hecho» tiene el valor de un mensaje dirigido, pues al pronunciarla confío en mi Yo superior que está totalmente conectado con la Divinidad.

Es posible que usted se encuentre decepcionado con una persona que no ha correspondido a lo que usted esperaba de ella en una determinada situación. Esta oración le va a ayudar a no tener expectativas sobre esa otra persona, haciendo que deje de lamentarse en esas determinadas situaciones.

Segunda oración:

Arrepentimientos, enfermedades, accidentes

Divinidad, me arrepiento de haber mantenido
pensamientos (o acciones) incorrectos que causaron…
(especificar el problema). Lo siento mucho.
Perdóname, por favor.
Te amo.
Gracias.

Si se tratara de una situación que le disturbe, después de trabajar con el Ho'oponopono usted tiene la oportunidad de limpiar su campo espiritual, o el campo de esa otra persona para la que usted está dirigiendo el Ho'oponopono.

Tercera oración:

Prosperidad, objetivo, proceso médico

Divinidad, limpia y purifica todas las memorias
de mi subconsciente que puedan haber producido o
producir bloqueos o dificultades... (especificar el problema)
Lo siento mucho
Perdóname, por favor
Te amo,
Gracias.

Esta oración es muy importante en esos momentos en que usted necesita alcanzar metas u objetivos en el plano físico, ya se trate de algo relacionado con la salud, como pudiera ser una operación, o bien se trate de algo más material, como la construcción de una casa. Además, actúa en la limpieza de memorias y recuerdos, y tiene que ver también con la prosperidad personal. Esta oración libera de bloqueos, del mismo modo que también actúa positivamente eliminando complicaciones, dificultades y energías y vibraciones negativas, y proporcionando prosperidad y abundancia económica.

Para que la oración sea efectiva, es importante que el problema haya sido bien especificado.

Cuarta oración:

Problemas generales, enfermedades, accidentes y relaciones personales

Divinidad que hay en mí
Lo siento mucho (especificar el problema).
Por favor, perdóname por cualquiera que sea el motivo
que haya en mí y que se manifiesta como (el problema)
Te amo
Gracias.

Esta es la oración más sencilla que se puede hacer, ya que está basada en las cuatro frases mantra del Ho'oponopono a las que se le añade el problema.

Puede utilizarse para solucionar cualquier asunto, bloqueo o dificultad para aceptar o permitir el flujo de la creatividad, de la fe y de la alegría existente en nuestras vidas. Cuando no se hallara con su guía de Ho'oponopono, utilice esta oración.

Cómo orar en el Ho'oponopono

Existen diferentes formas de practicar Ho'oponopono. Tal como acabamos de ver, hay distintos modelos de oraciones que se pueden practicar. La conexión que establezcamos con la Divinidad que se encuentra en nuestro interior puede facilitar el proceso. La buena noticia es que sea cual sea nuestra situación interna, si ponemos en práctica la técnica esta tendrá éxito.

Los nativos hunas se preguntaban cómo era posible que los blancos, que se limitaban a pedir sin producir nada a cambio, pudieran conseguir algún beneficio. Los huna hacían su petición uniéndola al MANA que se producía en la respiración dirigida a la divinidad. Yo observo que consigo mejores resultados cuando produzco Mana, o bien envío mi mensaje a la divinidad a través de algún tipo de ritual.

La estructura del procedimiento para practicar Ho'oponopono de una forma más parecida a la utilizada por los nativos debería atenerse a los siguientes puntos:

- Local, hora y postura: Es muy importante determinar un horario diario y establecer un lugar para realizar las meditaciones. Ello potencia su petición.
- Preparar una oración para aquello que se desea pedir.
- Efectúe el desbloqueo: Haga una oración para limpiar el problema.
- Producción de mana para el Yo superior: Se realiza a través de la respiración-Ha.
- Donación de mana. Dónelo al Yo superior y Él decidirá lo más conveniente a través de la respiración-Ha.
- Realización: Considere que la petición le ha sido concedida.
- Agradecimiento y cierre: Al reconocer que su petición ha sido atendida.
- Acción: Actuar a favor de lo que quiero, aunque la solución pueda llegar posteriormente por otro camino.

Otra forma un poco menos exigente sería:

- Serenarse; es decir, interiorizarse preparándose para el ejercicio, guardando silencio y sin distraerse.
- Sentir el amor: Es importante sentir el proceso, evitando caer en una disposición mecánica. Sienta el amor en su corazón que se halla abierto al perdón.
- Pronuncie las palabras de curación: «*Lo siento mucho, Perdóname, Te amo, Graicas*». Puede hacerse conjuntamente con la petición, o con las otras formas que se han indicado en este libro.

Cuanto mayor sea el bloqueo de aquello de lo que usted está deseando liberarse, mayor habrá de ser también su disposición y su disciplina en el ejercicio. En ocasiones basta un simple pensamiento bien sentido para que el Ho'oponopono actúe al instante; en otras peticiones, sin embargo, puede necesitarse un poco más de dedicación. Lo importante es que puede realizarse el ejercicio en cualquier lugar y en cualquier momento, si bien es aconsejable disponer de un momento determinado para dejar la mente vacía. Es importante permitir que la inspiración se sobreponga a la intención. Vaciando la mente, encontrando ese vacío dentro de usted y confiando en la divinidad, conseguirá limpiar las memorias que le impiden seguir adelante. Con la mente limpia sus intenciones pueden cambiar.

En el caso de que no sintiese mejoría compruebe si sus acciones no están de acuerdo con su petición, al igual que sus palabras y sus propios sentimientos. Ante todo, es preciso querer cambiar y perdonar antes de iniciar el proceso. Y si no sabe en donde radica exactamente el problema, haga el siguiente ejercicio: Procure escribir en un papel una breve descripción de sus pensamientos, sentimientos y acciones relacionadas con el tema en cuestión. De esta manera le será más fácil definirlo. Trate de darse cuenta en donde se está equivocando y lo que desea transmutar. Además de practicar Ho'oponopono, cambie sus pensamientos y actitudes referentes al problema, ya que esto es lo que usted está emitiendo al Universo que determina la realidad. Tenga presente que aunque haga Ho'oponopono si emite algún pensamiento o sentimiento negativo, es probable que la técnica no funcione.

Ejercicio práctico

√ Recójase en su lugar de retiro.
√ Serénese y respire profunda y lentamente.
√ Haga su oración y repita le mantra mientras realiza su respiración Ha.

14

Prácticas de purificación

Seguidamente seleccionaré algunas prácticas de purificación, incidiendo en las que todavía no han sido explicadas anteriormente en este libro. Son prácticas que el doctor Hew Len indica en su curso. Aquellos ejercicios que no se citen aquí podrán encontrarse en los sitios de Internet que traten de Ho'oponopono.

Oración de Morrnah Simeona

La oración original de Morrnah Simeona, que se encuentra al principio del capítulo 13, está indicada en cualquier tipo de problema que tenga que ver con las relaciones personales, para lo cual ha de poner su nombre y el de la otra persona a la que se quiera hacer referencia. Al orar, la persona mencionada entrará en contacto con la divinidad, ya que esta se encuentra en todas las personas como una extensión del Divino Creador.

Respiración *Ha* (Kahuna)

Esta práctica, por el hecho de que produce mana, está indicada siempre que se hayan repetido las cuatro frases del mantra del doctor Hew Len. Los kahunas aseguraban que la energía mana (energía vital) se recibe del cielo a través de la oración, y que se ve fortalecida con la respiración. Véase el capítulo 12.

Mantra del doctor Hew Len

Las cuatro frases sirven en todos los casos y para todas las personas:

- **Lo siento mucho:** Uno reconoce que algo negativo entró en su sistema cuerpo/mente, aunque ignore la razón.
- **Perdóname:** Aceptación del problema, aunque no se esté de acuerdo con él.
- **Te amo:** Se transmuta la energía bloqueada haciéndola fluir y elevándola al Religare.
- **Gracias:** Expresión de gratitud y de fe para el bien general de todas las personas concernidas. Se envía la energía de regreso a la Fuente.
- **Lo siento mucho:** Se asume la responsabilidad por el problema.

Para más detalles véase el capítulo 11.

Crear oraciones específicas para cada problema

Es importante especificar el problema con el que se esté trabajando. Así pues, en cada momento del ejercicio, y a no ser que se trate del mismo problema, será necesario modificar el formato de la oración. Para ello puede utilizar la ayuda de su guía Ho'oponopono, pero con la práctica lo podrá realizar de forma natural. En el capítulo 13, en el que se explica el mantra propuesto por el doctor Hew Len, hay una indicación para la formulación espontánea.

Respiración-Ha 2

Hacer la Repiración-Ha poniendo las manos en posición Leminiscata (formando el símbolo del infinito) en siete tiempos, nueve veces. Esta técnica dura tres minutos aproximadamente, y resulta muy poderosa. Es importante hacerla, concentrándose, cuando se disponga a realizar cualquier actividad. Las manos en posición Leminiscata cierran un circuito de energía y forman una bola energética.

Agua solar azul

Es posible que haya oído hablar de que el agua que ha estado expuesta al sol dentro de un recipiente azul resulta beneficiosa. Esta es una de las prácticas indicadas en Ho'oponopono. Lo importante es que el recipiente sea de vidrio azul que se puede tapar con un paño, pero evitando siempre elementos de plástico o de metal para cubrirla, pues estos materiales pueden liberar toxinas cuando se exponen al sol. Si no encuentra un recipiente azul puede pintar de ese color cualquier jarra de vidrio, o bien envolverla con un celofán de ese color. Deje expuesta el agua al sol durante una hora y utilícela posteriormente según sus necesidades.

Nuestro cuerpo se halla compuesto por un 90% de agua, y su calidad influye en nuestras moléculas. El doctor Masaru Emoto demostró científicamente, mediante una investigación hecha en cristales de agua, que esta conserva memorias. Si esto es así, podemos cambiar las impresiones del cuerpo, la memoria celular, ingiriendo un agua saludable que tenga un pH[3] básico superior a 7. El pH básico del agua acaba combatiendo pacíficamente la acidez sanguínea que constituye el medio propicio para el desarrollo de células cancerígenas y el envejecimiento precoz. Teniendo en cuenta que el agua solar azul es una forma de diluir los recuerdos, es favorable y acorde con la práctica del Ho'oponopono, pudiendo contribuir al proceso de neutralización de memorias y haciendo que la persona pueda combatir las enfermedades. Además de beberla, se puede utilizar esta agua en múltiples aplicaciones: aplicándola sobre heridas, para enjuagarse o lavarse con ella, utilizándola para cocinar, para regar las plantas, rociándola por la casa para purificar el ambiente, etc.

Beber agua de buena calidad puede contribuir a la curación de la acidez estomacal, prevenir la artritis, los dolores lumbares, la colitis,

---

3. El pH es una variable que se emplea para caracterizar el grado de acidez de una disolución. Los límites de la escala de pH van del 0 al 14. Los valores inferiores a 7 corresponden a disoluciones ácidas y los superiores a este valor, a disoluciones básicas. *(N. del T.)*

la hipertensión, el colesterol y otras enfermedades que pueden estar causadas por una deshidratación prolongada.

Aloha

Aloha significa estar en presencia (Alo) de lo divino (ha). Se puede utilizar este vocablo para referirse a personas, lugares, situaciones o cosas.

Al emplear esta palabra, usted estará disponiendo de un poder que viene dado por su aproximación a lo divino.

Las palabras hawaianas están generalmente formadas por raíces asociadas a ciertos vocablos que dan origen a términos poseedores de un significado, o de una idea, voces que tienen un contenido específico. Las letras que forman el vocablo *aloha* tienen entre ellas una gran conexión y expresan una serie de principios que, una vez practicados por los nativos kahunas, les acercaba a Dios. Véamoslo:

ALOHA- Principios kahuna que nos llevan a DIOS.

A, de *ala:* Ver la vida en un estado de continua atención.
L, de *lokali*: Trabajar como una unidad (cuerpo, mente, espíritu).
O, de *oiaio*: Honestidad.
H, de *ha'aha'a*: Humildad.
A, de *ahonui*: Paciencia y perseverancia.

Miel

La miel es un alimento que producen las abejas a partir del néctar de las flores. Su fuente, por consiguiente, ya nos vincula a la energía de la Naturaleza que vibra en la frecuencia alfa. Es el único alimento dulce que proporciona sustancias nutritivas, proteínas, vitaminas y sales minerales, además de sustancias como la vitamina B_6, la tiamina, la riboflavina, el ácido pantoténico, y pequeñas cantidades de elementos químicos y minerales (calcio, cobre, hierro, magnesio, fósforo, potasio, sodio y zinc). Además de esto la miel posee propiedades medicinales y una acción antibacteriana. Con relación al Ho'oponopono digamos que la miel apaga los recuerdos y endulza la vida.

Vaso de agua

El agua absorbe la negatividad, y al tirarla lleva con ella la carga negativa que ha absorbido. Ese agua puede desecharse vertiéndola sobre la tierra.

Llene un vaso en sus tres cuartas partes, dos veces al día. Si la situación fuera muy estresante, puede realizar este proceso de llenar el vaso y tirar el agua más veces. También puede colocar el nombre de alguien debajo del vaso cuando realiza este proceso, o bien dejándose llevar por la inspiración. Utilizo este recurso en los cursos que doy, siempre que el trabajo que realizo haga aflorar emociones en los asistentes.

Columna de la Paz del Yo

Empleando nuevamente la fuerza de la imaginación creativa imagine un tubo de luz que desciende sobre usted y piense, al mismo tiempo, en la «Columna de Paz del Yo». Al proceder así, usted se está colocando automáticamente en la irradiación de la Divinidad, protegiéndose de todas las vibraciones negativas. Puede utilizar este procedimiento aplicándolo sobre otras personas, cosas o situaciones; basta simplemente en pensar en la «Columna de Paz del Yo». Esta técnica es muy poderosa como protección en cualquier situación, pues al ser un elemento invisible no hay interferencias en el espacio.

Ejercicios de experiencias propias y estudios

Seguidamente relacionaré algunos ejercicios de purificación que aprendí a lo largo de mi vida en experiencias y en cursos de cosmología chamánica.

Botón *on-off*

Cuando se quiera cambiar la atmósfera existente en un local, o modificar el sentimiento que nos causa un pensamiento o un determinado tema, imagine —o incluso haga el gesto— de apretar un interruptor de encendido-apagado *(on-off)*. Puede utilizar este recurso en caso de conflictos y desavenencias, o bien para cambiar el foco de una conversación o de un pensamiento.

Ola purificadora del mar

Podemos hablar de una auténtica ola marina, si hubiera posibilidad de acercarse al mar, o de una ola imaginaria si estuviéramos alejados de él. Si se encontrara en el mar, al sumergirse puede imaginarse que el agua limpia sus sentimientos, pensamientos y/o las situaciones que le rodean. Si, por el contrario, se encontrara en casa o en el lugar de trabajo, utilice su imaginación creativa para hacer que esa ola imaginaria recorra todo el ambiente limpiando las energías negativas que pueda haber.

Si usted es profesional del Reiki, imagine, tras realizar una aplicación de manos, que una ola pasa por todos los ambientes de su casa limpiándola por completo. Esa ola imaginaria puede tener colores como el violeta, el azul o el rosa.

Si necesitase utilizar este elemento creativo cuando se halle sentado en el parque o atendiendo una llamada telefónica, utilice también la imaginación para limpiar su entorno y la situación en la que se encuentre.

Llama violeta

Al utilizar esta técnica, imagínese que entra en una hoguera violeta. Esta técnica es útil para trasmutar la energía negativa y atraer la paz interior. Puede imaginarse también que esa hoguera está al lado de una estrella de David pintada en el suelo.

Vaso de agua con sal gruesa

Llene un vaso con agua y vierta en ella tres porciones de sal gruesa. Encienda una vela blanca y pida protección.

Sal gruesa

En un recipiente ponga ajo, sal gruesa, un pedazo de carbón y cúbralo todo de nuevo con una capa de sal gruesa. Esta técnica es muy operativa para proteger el ambiente del mal de ojo.

Sahumerio

Incensario

El hecho de que usted haya utilizado todas las técnicas de purificación del ambiente y, sin embargo, todavía siga percibiendo una carga negativa en él es una prueba de que la energía de su casa sigue estando muy cargada. Por esta razón suelo indicar la conveniencia de desahumar el ambiente de nuestra casa o de nuestro lugar de trabajo, del mismo modo que se hace en las iglesias.

Existen incensarios que requieren un manejo sencillo y también más adecuado para lugares privados. En el caso de que le sea posible adquirirlo utilice un incensario en el que pueda introducir las hierbas aromáticas y el carbón que haya de quemar; puede encontrar este artefacto en aquellas tiendas que vendan velas, y en esos establecimientos es posible que consiga también las hierbas aromáticas. Recuerde que cuanto más purifique el ambiente tanto mejor, siempre que no cause sofoco en las personas asistentes. Comience el sahumerio desde dentro de la casa hacia afuera. Tras realizarlo, abra todas las ventanas y puertas para que el ambiente quede limpio, y deje que el incensario se apague fuera de la casa. Este sahumerio es muy bueno para neutralizar las energías negativas. Si el ambiente del local estuviera muy cargado de energía negativa, tal vez sean necesarias más purificaciones, añadiendo a los componentes anteriores del incensario cáscaras de cebolla y de ajo. Lo indicado es realizar una purificación semanal.

Velas

Las velas constituyeron siempre elementos utilizados en aquellas prácticas en las que se busca un estado de interiorización, ya sea físico, mental o espiritual, independientemente de las religiones o creencias que se practiquen.

El hecho de encender una vela, que nos sirva de objeto de referencia para concentrarnos en un determinado propósito, nos permite colocarnos en una condición consciente de conexión con lo divino. Esta práctica nos da la oportunidad de poder asumir cambios transformadores en nuestra vida.

Teniendo esto presente, y dentro de los ejercicios de purificación asociados al Ho'oponopono, suelo contemplar la utilización de las velas. Y de la misma manera que lo recomiendo en otras prácticas ya indicadas sugiero en esta que, primeramente, se haga una oración durante la cual se encienda la vela; esta oración debe repetirse al menos durante los diez primeros minutos.

En esta práctica se pueden utilizar velas que duren solamente horas, o aquellas otras que pueden permanecer encendidas durante siete días. En el caso de estas últimas se puede proceder a decir la oración durante los diez primeros minutos del encendido, o siempre que sea posible a lo largo de los días que permanezca encendida la vela. Esta práctica hace que su mente se concentre mejor en el propósito purificador durante más veces, permitiendo de este modo una «curación» todavía más eficaz.

Tambor

La utilización de tambores en rituales de purificación forma parte de la tradición de muchos pueblos de todo el mundo, principalmente en sociedades indígenas.

La vibración producida por la sonoridad de los tambores, cuando se utilizan con un determinado ritmo, asociada a un propósito claro y definido, lleva al ser humano a estados de profunda relajación; un estado que puede ser de mucha ayuda no solamente en procesos curativos sino también en la purificación de los cuerpos, ya se trate del físico, del emocional o del espiritual.

En este sentido establezco aquí la posibilidad del uso de tambores como práctica de purificación asociada al Ho'oponopono. Esta práctica se inicia con una oración que especifica la claridad del propósito. Por ejemplo: *Divino Creador, siento mucho haber abierto puertas que contaminen mi ser. Perdóname. Te amo. Gracias por transformar toda la energía que me asola en este momento, purificándome.* Durante la secuencia pronuncie en voz alta esta frase tocando de forma rítmica el tambor durante diez minutos, aproximadamente, y acompañándola mentalmente de las cuatro frases establecidas: *Lo siento mucho. Perdóname. Te amo. Gracias.*

Ejercicio práctico

√ Recójase en su lugar de retiro.
√ Serénese y respire profunda y lentamente.
√ Haga su oración y repita el mantra mientras realiza su respiración Ha.
√ Escoja una de las nuevas prácticas recién expuestas y acompáñelas de la vocalización del mantra del doctor Hew Len.
√ Trate de descubrir con qué técnica se siente más identificado.

15

Últimas consideraciones

Ahora que usted, lector ha llegado a esta parte del libro, quisiera decirle que estos conocimientos que pongo a su disposición no pretenden referirse exclusivamente a la técnica del Ho'oponopono. En mi caso trato de huir de todo radicalismo y fanatismo, procurando entender la vida con diferentes perspectivas y con distintas palabras.

Siendo todavía niña fui iniciada en el Reiki a los ocho años en el nivel 1, y a los diez años en el nivel 2. Aprendí entonces que podía enviar energía a distancia, y que *ki* era la energía vital que poseemos y la que sustenta nuestra vida. A los veinte años empecé a practicar durante todo un año, y de forma muy entregada, el budismo de Nitiren Daishonin, preguntándome constantemente cuál sería la verdad que subyacía en los diferentes estudios. La práctica del budismo me mostró que era la fe la que afirma y atrae la realidad que se desea para uno.

Posteriormente empecé a combinar todo lo que había aprendido, y me di cuenta entonces que muchas veces se utilizan distintas palabras para referirse a las mismas cosas. Hasta que un día tuve una percepción interior profunda para explicar a Dios. Comprendí que *ki* era una parte de la energía *rei*, la energía primordial cósmica que estudiamos en el Reiki. La unión de estas dos energías genera una tercera, la energía de la curación y del amor Reiki. Comprendí entonces que el componente *rei* del Reiki era una energía mayor, la energía del Todo que afirmaba el budismo, en lugar de afirmar la existencia de un dios figurativo. En ese mismo día, entregada a estos pensamientos, me acordé de que la Iglesia afirma que Dios está dentro de nosotros. Siendo ki parte de la energía divina que recibimos para poder vivir, comprendí que ese Dios que se encuentra en nuestro interior no era otra cosa que la energía ki, nuestra energía vital, nuestra energía de vida. Dios es nuestra vida y actúa a través de nuestras manos, de nuestros pensamientos y acciones. Dios lo penetra todo y a todos.

Muchas religiones tienden a distanciar al creador de las criaturas. Para el Ho'oponopono cada uno de nosotros es parte del creador y por eso somos creadores divinos.

Jesucristo poseía una visión trascendental de la existencia, y sabía que todo y que todos estamos intrínsecamente entrelazados; por eso dijo: «En ese día comprenderéis que yo estoy en mi Padre, y vosotros estáis en mí y yo en vosotros». (Juan:14,20). Jesús sabía que todos somos fruto de la Paternidad Divina. En cierta ocasión afirmó que todos podríamos hacer lo que Él hacía, y que nos sería posible curar con las manos al igual que Él. Fueron estas palabras las que hicieron que Mikao Usui buscase una respuesta, investigación que culminó con el descubrimiento de la técnica del Reiki.

He venido utilizando diariamente la técnica del Reiki, pero en un determinado momento se me hizo necesario ir más allá. Del mismo modo que el Reiki no es la respuesta ni la solución para todo, el Ho'oponopono entró en mi vida para complementar toda la sabiduría que busqué; y Dios permitió que tuviese contacto con esta técnica desde joven.

Fue el hecho de investigar en el Ho'oponopono para entender sus milagros lo que me hizo entender más a fondo el funcionamiento de nuestra existencia y de nuestra espiritualidad. Siempre he buscado el porqué de la vida. Ahora, hoy en día, tanto el Reiki como el Ho'oponopono son técnicas esenciales para mí. Me proporcionaron una comprensión divina y una expansión de conciencia, por lo que me siento muy agradecida. Todo lo que vivimos es una elección de la totalidad. «Hágase nuestra voluntad». Quiero dejar claro que incluso con todos los conocimientos y técnicas aprendidas no tengo respuesta para los secretos del universo; simplemente he logrado un mayor conocimiento de él.

Soy una manifestación de la Fuente Divina
y por eso tengo el poder de crear.

Toda esa búsqueda del autoconocimiento desarrolla un auto percepción que constituye el resumen de las impresiones internas y externas; ya que, al final, todos nuestros cuerpos están inter conectados. Esta es la forma de entenderse, de entrar en contacto con uno mismo; en caso contrario, si no supiéramos diferenciar nuestras percepciones y emociones seríamos presa de las diferentes ondas magnéticas que nos rodean, sin saber si estamos actuando por nuestra cuenta o por medio de captaciones extrasensoriales.

Al comprender nuestra conexión con lo «otro», con la Naturaleza, es decir, con todo cuanto existe, vemos ampliado nuestro concepto de sintonía. Un ejemplo de ello lo constituyen las señales que emiten los animales, de las que se ocupa el chamanismo. Cuando estamos sintonizados nos damos cuenta de que no existe vacío alguno entre los seres humanos. Solamente a partir de una conexión profunda con uno mismo se puede llegar a tener conciencia de la unión con la Vida Cósmica.

A partir del momento en que se adquiere todo este conocimiento ya no cabe el sentimiento de culpa sino el de responsabilidad, uno de los principios del Ho'oponopono. ¿Creé yo esta situación o fui yo quien la atrajo? No importa cuál pueda ser la respuesta, porque lo verdaderamente importante es tener la visión de estas posibilidades, pues todos nosotros disponemos de una solución; todo depende de uno ya que, en su momento, se nos pasó la información. El proceso del Ho'oponopono es el de aceptar simplemente la realidad de la manera que se presente, recibirla, entregarla a lo Divino, confiar (esto es la fe) y agradecer. Conserve la visión, confíe en el proceso.

Para el Ho'oponopono el sentirse culpable no es útil.
Uno debe sentirse «responsable».

Y después de toda esta información, ¿son necesarios los talleres de Ho'oponopono? Pues además de clarificar aún más algunas informaciones y enseñar a practicarlo para poder, de hecho, incorporar lo que se ha aprendido, en nuestros talleres trabajamos en grupo; y al hacerlo así, el grupo trae un 95% del contenido inconsciente al que nuestra mente consciente solo puede acceder en un 5%.

Trabajando en grupo se vuelven nítidos los espejos; como, por ejemplo, una persona que no es tolerante con otra está reflejando sencillamente la intolerancia que tiene consigo misma. Un alto índice de enjuiciamiento y crítica refleja un alto nivel de intolerancia. Normalmente, en este caso, la actitud del niño interior cuenta mucho, pues está reflejando el hecho de que se tuvo un padre (o una madre) tiránico, que no supo admitir la personalidad del hijo.

Existen personas que aseguran no tener problemas. Es en esos casos en los que usted puede preguntar: ¿Qué considera como una vida ideal? ¿Ya la vive?¿No? Entonces es —dependiendo siempre de la respuesta— que esa persona se estableció en unos límites que todavía puede mejorar.

¿Por qué existe esa búsqueda de la perfección? En realidad es la búsqueda de uno mismo, de la propia existencia, de la conexión auténtica con el Uno. Como afirma la famosa sentencia: «Cuando uno reza, Dios oye; cuando uno medita, Dios habla».

Ejercicio práctico

√ Vaya al capítulo 3, en el que usted definió sus peticiones.
√ Vea lo que ha sido trabajado, experimente los cambios y valore los resultados.
√ Acuérdese siempre de agradecer los dones recibidos.

Bibliografía

Biblia, Mc:12,31

Bodin, Luc y Hurtado; María Elisa-Graciet: *El arte de Ho'oponopono: el secreto de los sanadores hawaianos,* ediciones Obelisco, Buenos Aires, 2013.

Bosnic, Lili: *Ho'opoponopono: Arte ancestral de sanación hawaiano,* Continente, Buenos Aires, 2012.

Carli, Johnny De': *Reiki universal*, Sao Paulo, Editora Madras, 1998. (Edición española: *Reiki Universal,* Editorial Edaf, Madrid, 2015.)

Duprée, Ulrich Emil: *Ho'oponopono: Un sencillo sistema de cuatro pasos para recuperar la unidad, la armonía y la paz interior,* Ediciones Obelisco, Buenos Aires, 2012.

Neto, Francisco do Espírito Santo, dictado por Hammed: *A imensidao dos sentidos,* Boa Nova Editora, Catanduva, 2000.

Pérez, Adolfo: *Ho'oponopono, la curación por el perdón,* Editora Masters, Madrid, 2012.

Ranieri, Rafael A.: *O palacio encantado da mediunidade,* Sao Paulo: Lake, 2010.

Ray, Sondra: *Kahunas y Ho'oponopono: Secretos de los maestros hawaianos y de la vida eterna,* Madrid, Artes Gráficas COFAS, S.A., 2012.

Schwartz, Jeffrey: *The mind and the brain: neuroplasticity and the power of mental force,* Regan Books, Nueva York, 2002.

Tomás, María, Carmen Martínez: *Ho'oponopono: Lo siento, perdóname. Te amo,* Océano Ambar, Barcelona. 2013.

Torre, María B.L. Della: *O homen e a sociedades: Una introducao a sociología,* Companhia Editora Nacional, Sao Paulo: 1974.

Vitale, Joe & Len, Ihaleakala Hew: *Limite zero,* Editora Rocco Ltda, Río de Janeiro, 2009.

Otros títulos publicados por esta editorial:

Ho'oponopono
Conéctate con los milagros
María josé Cabanillas

Ho'oponopono para niños
María José Cabanillas